INVENTAIRE
V46,105

AF296391

SYSTÈME

D'ATTELAGE

PERMETTANT

D'EMPLOYER IMMÉDIATEMENT AU TRAIT
TOUT CHEVAL DE CAVALERIE PRIS DANS LE RANG, SELLÉ, PAQUETÉ
ET MONTÉ PAR SON CAVALIER

ENLÈVEMENT

DES PIÈCES D'ARTILLERIE PAR LA CAVALERIE

PAR

CH. MARTIN,

Lieutenant-colonel du 1ᵉʳ Chasseurs.

PARIS

Vᵉ BERGER-LEVRAULT ET FILS, LIBRAIRES-ÉDITEURS

RUE DES SAINTS-PÈRES, 8.

STRASBOURG. — RUE DES JUIFS, 26.

1866

SYSTÈME

D'ATTELAGE

PERMETTANT

D'EMPLOYER IMMÉDIATEMENT AU TRAIT

TOUT CHEVAL DE CAVALERIE PRIS DANS LE RANG, SELLÉ, PAQUETÉ

ET MONTÉ PAR SON CAVALIER

———

ENLÈVEMENT

DES PIÈCES D'ARTILLERIE PAR LA CAVALERIE

PAR

CH. MARTIN,

Lieutenant-colonel du 1er Chasseurs.

———

PARIS

Vᵉ BERGER-LEVRAULT ET FILS, LIBRAIRES-ÉDITEURS,

RUE DES SAINTS-PÈRES, 8.

STRASBOURG. — RUE DES JUIFS, 26.

1866

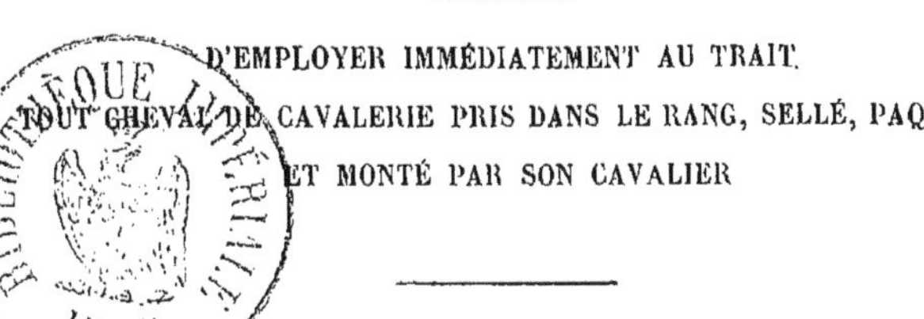

V 46105

EXTRAIT DU SPECTATEUR MILITAIRE.

Paris. — Imprimerie de E. MARTINET, rue Mignon, 2.

SOMMAIRE.

AVANT-PROPOS.

***

Système permettant d'utiliser, en cas de nécessité, l'immense force perdue représentée par les chevaux de la cavalerie.

La cavalerie est une arme nécessaire, mais dispendieuse. L'effectif de ses chevaux représente à la fois un gros capital et une immense force perdue. L'idée d'en tirer parti en les employant au trait, — au moins temporairement, et dans certaines circonstances exceptionnelles du service de guerre, — n'est pas une idée nouvelle.

« Il existe une dépendance mutuelle qui oblige nos
» inventions à s'appuyer les unes sur les autres, à
» s'attendre en quelque sorte. Une idée surgit, elle
» reste à l'état de problème pendant des années, des
» siècles même, jusqu'à ce qu'enfin des modifications
» successives lui permettent d'entrer dans le domaine
» de la pratique (1). »

(1) Louis-Napoléon Bonaparte, *Études sur l'artillerie.*

C'est, en quelques mots, l'histoire de l'attelage américain et celle de tous les perfectionnements.

Empruntée aux Gauchos, importée en Europe par les Anglais, l'idée de tirer parti de la force du cheval de cavalerie pour la traction a déjà eu en France, il y a vingt-cinq ans, un auguste initiateur.

En 1841, M. le maréchal Soult, alors ministre de la guerre, recevait du fort de Ham une courte notice résumant, en quelques lignes, le système d'attelage que nous allons exposer. Les Anglais venaient d'en constater la simplicité pratique. Aucune suite ne fut cependant donnée au désir exprimé dans cette communication, du moins en ce qui regardait son examen par les comités d'artillerie et de cavalerie.

Antérieurement à 1865, on ne trouve aucune trace d'expériences ou d'essais entrepris en France d'après le système en question.

Au point de vue militaire, il faut bien le reconnaître, il existe chez nous une sorte d'infatuation qui nous rend parfois beaucoup trop dédaigneux de ce qui se passe à l'étranger. C'est un tort : « Une nation » sage et prévoyante, dit M. le général Renard, est » forcée de tenir constamment son armée à la hauteur » des progrès de l'art militaire ; elle ne doit négliger » aucun des perfectionnements qui se produisent, d'où » qu'ils viennent. »

Parmi les perfectionnements dont l'utilité semble manifeste, figure certainement l'ingénieux procédé que nous avons dédaigné en 1841, et dont l'adoption est aujourd'hui officiellement consacrée dans l'armée nglaise (1). Nos voisins en ont tiré un secours immense pendant la dernière guerre des Indes. Surpris par la révolte, dépourvus d'attelages, obligés à tout instant de désarmer certains postes pour en armer d'autres, suivant les nécessités de la défense, c'est en attelant les chevaux de leur cavalerie que les Anglais ont pu dominer les difficultés de leur situation, et qu'ils sont parvenus à opérer leurs mouvements de matériel et de munitions.

Il y a là un enseignement qui ne doit pas être négligé.

Principe et caractère distinctif de l'attelage américain ou sur un seul trait.

I

L'attelage *sur deux traits*, — soit avec le collier, soit à la bricole, — est si rationnel, si bien approprié aux conditions de la traction dans les circontances ordinaires, que l'idée ne pouvait guère venir en Europe de rechercher quel effort le cheval peut exercer, étant attelé *sur un seul trait.*

Cependant, outre que ce mode d'attelage offre une précieuse ressource, comme nous le verrons plus loin,

(1) « In order that the cavalry may, upon emergencies, be available for the purposes of draught, such as assisting in dragging artillery, etc., through deep roads, and in surmounting other impediments and obstacles which the carriages of the army have frequently to encounter in the course of active service, ten men per troop in each regiment are to be equipped with the tackle of the lasso. »

(*The Queen's Regulations and Orders for the army.*)

en élargissant considérablement le cercle des services que la cavalerie peut rendre en campagne ; d'un autre côté, il permet de tirer du cheval une force beaucoup plus grande qu'on ne serait tenté de le croire au premier abord.

On sait avec quelle facilité et quelle puissance un cheval entraîne un cavalier désarçonné, dont le pied est resté engagé dans l'étrier. On a vu des chevaux emportés, fournir ainsi, au galop de charge, des courses de plusieurs kilomètres.

Dans les *Pampas*, à l'aide du *lasso* fixé à sa selle, le cavalier de l'Amérique du Sud arrête des taureaux et des chevaux sauvages lancés à toute vitesse.

L'attelage sur un seul trait n'est, en définitive, qu'un mode d'application du lasso, dans les conditions les plus favorables au déploiement de la force du cheval.

II

Pour atteler un cheval de cavalerie d'après ce système, il suffit d'un surfaix, d'une courroie et d'une corde à fourrage.

Tout cavalier est muni de ces objets.

On les dispose de la manière suivante : entre le surfaix et le quartier de la selle on passe la courroie que l'on replie deux fois autour du surfaix, de manière à former une boucle. À cette boucle on attache l'une des extrémités de la corde à fourrage mise en double. À l'autre extrémité on forme un nœud coulant qui se fixe avec la plus grande facilité, *en une seconde*, soit à la bouche du canon que l'on veut enlever, soit à la voiture dont on veut renforcer l'attelage.

La planche I représente un cheval attelé dans ces conditions. Il est facile de se rendre compte de la manière dont s'opère la traction.

« N'ayant qu'un trait, le cheval ne tire que d'un
» côté, et cette obliquité de la ligne de traction qui,
» mathématiquement, est un désavantage dans l'appli-
» cation des forces, est ici la cause de la facilité
» qu'éprouve l'agent moteur, car par cette obliquité
» le trait ne touche le cheval que par un seul point et
» ne lui fait éprouver ni pressions sur les épaules, ni
» frottements sur les autres parties du corps. Quant à
» la sangle (ou surfaix), tirée latéralement, elle tend à
» se placer tant soit peu de travers sur le dos du
» cheval, et c'est cette position qui l'empêche de
» glisser. »

(Note sur l'enlèvement des pièces d'artillerie par la cava-
lerie, par le prince NAPOLÉON LOUIS BONAPARTE.)

III

Si l'intensité de l'effort, — autrement dit du coup de collier, — que peut fournir le cheval attelé sur un trait, est prouvée par les exemples cités plus haut (1); la possibilité d'en obtenir un travail suivi, dans ces

______

(1) Mathématiquement, c'est-à-dire abstraction faite de la liberté d'action bien plus grande dont jouit le cheval lorsqu'il n'est attelé que

mêmes conditions, est également démontrée par l'expérience.

On objectera peut-être qu'attelé d'un seul côté, le cheval est gêné et se trouve soumis à une fatigue plus grande de l'un des bipèdes latéraux. Au premier abord, en effet, il semble qu'un travail inégal des deux bipèdes doit être la conséquence de la manière dont s'opère la traction. Ce serait là une cause de ruine et d'usure prématurée pour les chevaux ainsi employés, et l'inconvénient serait sérieux.

En examinant attentivement ce qui se passe dans la pratique, on voit de suite que cette crainte n'est nullement à redouter.

Le cheval attelé sur un trait se place tout naturellement sur la ligne de traction qu'il doit suivre pour ne pas être gêné. Il prend instinctivement la position plus ou moins oblique qui lui convient, suivant la place qu'il occupe dans l'attelage.

Ainsi, par exemple, quand plusieurs chevaux sont attelés ensemble et à la même hauteur, ils ne tirent pas en ligne et de front, mais, d'eux-mêmes, ils s'écartent

---

sur un trait, la relation entre la force oblique et la force directe est proportionnelle au cosinus de l'angle de ces deux forces. En d'autres termes :

    F, étant la puissance que doit déployer un cheval attelé sur deux traits pour enlever une charge donnée ;

    F', la force que le même cheval devra déployer étant attelé obliquement sur un seul trait pour enlever la même charge ;

    α, l'angle des deux forces au point d'application ;

$$\text{on aura la relation : } F' = \frac{F}{\cos \alpha.}$$

légèrement en éventail (voy. [la planche V). La seule attention à avoir, c'est de régler la longueur des cordes suivant la place de chaque cheval.

Au reste, l'emploi que l'on fait de l'attelage sur un trait pour le service de poste à grande vitesse, dans l'Amérique du Sud, ne laisse aucun doute sur la parfaite liberté de mouvement et sur la facilité de travail du cheval ainsi attelé.

Il ne faut d'ailleurs pas perdre de vue que le trait pouvant se fixer indifféremment au flanc droit, comme au flanc gauche, il suffirait pour reposer et soulager le cheval attelé, de changer de temps à autre le côté de la traction (1).

Avantages particuliers du système appliqué à la cavalerie.

I

Il ne peut être évidemment question, en exerçant les chevaux de cavalerie au trait, de démonétiser cette arme, ni de la rendre le moins du monde impropre à la tâche pour laquelle elle est créée. Il s'agit simplement de montrer quels immenses services elle pourrait rendre en cas de nécessité, et dans une foule de circonstances, si l'on avait un moyen d'utiliser la puissance de traction de ses chevaux sans préjudi-

____

(1) Le cheval agit, comme l'homme attelé, avec une bandoulière, au chariot qui sert à transporter les pierres de taille sur les chantiers. Cet homme tire en avançant l'épaule opposée à la bandoulière. De même, le cheval attelé sur un trait se place obliquement, et progresse en refusant légèrement l'épaule du côté ou le trait se trouve fixé.

cier aux aptitudes nécessaires et spéciales qu'ils doivent toujours conserver.

Il est facile de démontrer qu'au point de vue du service de la cavalerie, l'adoption du procédé d'attelage américain ne présenterait que des avantages, sans aucun inconvénient de nature à les balancer.

II

L'attelage américain n'exige aucun dressage préliminaire. — Tout cheval monté, sans exception, se laisse atteler sur un trait, et tire immédiatement sans opposer la moindre résistance.

C'est une conséquence de la manière dont s'opère la traction. Sir Francis Head, auquel on doit l'importation du système en Angleterre, a démontré ce fait par l'expérience suivante :

« .....Il demanda au régiment des gardes, à Lon-
» dres, qu'on lui présentât les chevaux les plus vicieux,
» ceux qu'on n'avait jamais pu parvenir à atteler.
» Ayant employé la méthode décrite ci-dessus, l'essai
» réussit complétement, et au grand étonnement des
» officiers de cavalerie, qui avaient déclaré la chose
» impossible ; des chevaux de troupe, qui n'avaient
» jamais été mis au harnais, ayant leurs cavaliers en
» selle, *traînèrent à une grande distance* des canons,
» sans opposer la moindre résistance. »

(Enlèvement des pièces d'artillerie par la cavalerie,
— 1841. — Prince L. N. BONAPARTE.)

En présence d'un résultat aussi concluant, il est permis de penser que le procédé américain (ses autres avantages à part), pourrait être employé très-utilement dans le dressage des chevaux difficiles du train ou de l'artillerie. En effet, si le cheval attelé d'un seul côté se soumet au joug en quelque sorte sans s'en douter, c'est qu'il n'est contrarié en rien dans ses mouvements, c'est parce que ses membres conservent toute leur liberté. Au contraire, si on l'emprisonne tout d'abord *entre deux traits* et dans notre harnais compliqué, il est nécessairement étonné, gêné de partout, et l'on comprend qu'il soit disposé à résister. Tel cheval qui s'est défendu longtemps, quelquefois avec une violence extrême contre la gêne simultanée des deux traits, l'eût acceptée probablement beaucoup plus vite si, au préalable, on l'avait exercé successivement à tirer à droite et à gauche sur un seul trait.

Les essais qui ont été faits au 1er Chasseurs ne laissent aucun doute à cet égard.

L'expérience de Sir Francis Head a été répétée, en 1865, au camp de Châlons, une première fois sous les yeux de M. le maréchal de Mac-Mahon, puis ensuite, par ordre de Son Excellence, en présence de tous les officiers réunis des deux divisions de cavalerie.

Six chevaux pris au hasard dans le 1er Chasseurs, ont enlevé du premier coup, et avec la plus grande facilité, deux pièces de campagne dépourvues de leurs avant-trains. Il a suffi de deux chevaux pour la pièce de 4, et de quatre pour la pièce de 12.

Dans cette expérience, non moins concluante que celle

de Londres, les chevaux employés étaient de race arabe, et certainement, par leur défaut de masse et d'épaule, par leur impressionnabilité, les plus réfractaires au trait que l'on pût choisir. D'un autre côté, privées de leurs avant-trains, les pièces étaient dans des conditions de charroi non-seulement difficiles, mais même impossibles avec les procédés d'attelage et les harnais ordinaires.

III

L'attelage américain ne nécessite aucune modification ou addition au harnachement du cheval de cavalerie. — Dans l'armée anglaise, les vingt chevaux par escadron, préparés pour le trait, sont équipés avec des poitrails et des surfaix particuliers.

Au camp de Châlons, on s'est attaché à prouver la simplicité pratique du procédé, en démontrant que tout cheval de cavalerie peut être attelé avec son harnachement réglementaire, sans addition ni modification d'aucune sorte. C'est exclusivement dans ces conditions que les expériences ont été faites. Elles n'ont pas occasionné un centime de dépense.

On pourrait croire peut-être (car il est toujours bon d'aller au-devant des objections) que le surfaix ne présente pas une résistance suffisante à la traction. L'expérience a prouvé le contraire. Cette traction s'exerçant latéralement, l'effort se distribue et se divise en quelque sorte sur toute la circonférence du surfaix, laquelle s'appuie elle-même, en tous ses points, sur celle du cheval.

Au cas cependant où les surfaix seraient tout à fait
vieux et en mauvais état, il suffirait, pour plus de
sûreté, d'en employer deux pour chaque cheval attelé,
en les plaçant l'un sur l'autre, bouclés en sens in-
verse. Ceci ne présente aucune difficulté. Depuis que
la shabraque ne couvre plus le siége de la selle, on
n'a plus besoin du surfaix pour l'assujettir. Ce dernier
effet de harnachement n'étant pas indispensable au
cavalier, on en aura toujours plus que de besoin, dans
chaque escadron, pour équiper en double ceux des
chevaux qui devront être attelés.

La résistance plus que suffisante de la corde à fourrage qui sert de trait ; celle de la courroie placée
autour du surfaix, contre le quartier de la selle et qui
forme la boucle où s'attache le trait ; ont été constatées
par l'expérience, comme la solidité du surfaix lui-
même.

Il est donc bien établi que chaque cavalier — nous
insistons sur ce point — est pourvu, dans les conditions
actuelles de son harnachement, de tout ce qui lui est
nécessaire pour atteler son cheval.

Maintenant si l'on voulait, comme dans la cavalerie
anglaise, préparer plus spécialement au trait un certain nombre de chevaux par escadron, — les plus
lourds, les plus étoffés naturellement, — certaines
dispositions particulières du surfaix et du poitrail pourraient être adoptées avec avantage pour ces chevaux ;
seulement, nous ferons remarquer que ces modifications ne sont nullement indispensables.

Les différents accessoires du harnachement établis,

ainsi que l'indique la planche II, ne coûteraient pas plus cher que leurs similaires de l'ordonnance ; ils pourraient s'ajuster immédiatement sur le premier cheval venu, enfin ils ne gêneraient en rien les aptitudes que doit conserver le cheval d'escadron.

La figure 1 représente un surfaix dans lequel on a remplacé les parties faibles (contre-sanglon, boucle-ardillon) par une simple lanière de cuir et deux anneaux de renvoi. Ce genre de surfaix en usage chez les Arabes, les Hongrois, les Américains, etc., permet de sangler avec une grande puissance, et présente une solidité bien supérieure à celle du surfaix à boucle.

La figure 2 représente un cheval de cavalerie équipé avec un surfaix-bricole qui permettrait d'atteler à volonté sur un ou sur deux traits. Ce système donnerait de grandes facilités pour renforcer les attelages de l'artillerie et du train.

La figure 3 donne le détail de ce surfaix-bricole.

Dans la corde à fourrage de la figure 4, la poulie placée à l'extrémité de la corde réglementaire est remplacée par un crochet se prêtant tout aussi bien, sinon mieux, à la confection des trousses. Cette corde, mise en double, passe dans un anneau de fer que l'on fixe par un simple nœud, et qui permet d'allonger ou de raccourcir le trait à volonté.

IV

Le procédé américain permet d'atteler avec une rapidité sans égale. — Il est facile, en effet, à la cavalerie, de tenir toujours prêts les chevaux qu'elle peut avoir à atteler. Le surfaix et la courroie étant disposés à l'avance, ainsi qu'on l'a indiqué, la corde à fourrage est roulée et portée sur le flanc du cheval, une de ses extrémités fixée à la courroie et l'autre soutenue par le trousse-étrier.

Pour atteler, le cavalier n'a qu'à dérouler sa corde, et, le plus souvent, — sans même descendre de cheval, — à fixer le nœud coulant à la bouche du canon ou à la voiture qu'il s'agit d'enlever.

V

Le cheval de cavalerie, attelé sur un trait, peut être dételé instantanément. — Pour se débarrasser de son trait, le cavalier, — sans mettre pied à terre, — n'a qu'à tirer sur la boucle ou à défaire le crochet qui fixe la corde à fourrage à sa selle.

VI

Le procédé américain permet d'atteler dix chevaux, vingt chevaux....., tous les chevaux d'un escadron à la même voiture. — On admet à peu près en principe, dans l'artillerie, qu'il ne faut pas atteler au delà de dix chevaux à la même voiture, il vaut mieux la décharger si ce nombre n'est pas suffisant pour démarrer. Le procédé américain permet d'atteler un nombre indéterminé de chevaux, parce que, tous étant montés, on peut en obtenir une simultanéité d'effort ou de coup de collier qu'il est impossible de réaliser avec des attelages moins nombreux, mais dans lesquels il y a autant de sous-verges que de chevaux montés.

2

VII

L'attelage sur un trait ne permet pas seulement d'uti-liser la force de traction du cheval de cavalerie, il en fournit le moyen sans préjudicier au rôle et à la liberté d'action du cavalier. — Fournir en effet un cheval de trait et un soldat du train de plus, — pour un cheval d'escadron et un sabre de moins, — ne serait plus un bénéfice. Ce serait tout simplement désorganiser la cavalerie.

Avec l'attelage à l'américaine, cheval et cavalier peuvent toujours, en cas de besoin, rentrer instanta-nément dans leur complète liberté d'action. Ceci résulte de l'extrême rapidité avec laquelle on peut atteler et dételer.

Supposons qu'une troupe de cavalerie, escortant un convoi, ait fourni des chevaux, en plus ou moins grand nombre, pour aider les attelages. L'ennemi se pré-sente. Des fourrageurs menacent le convoi. En une seconde, les cavaliers dont les chevaux sont attelés peuvent laisser tomber leurs traits, mettre le sabre à la main et se réunir à la portion du détachement restée libre. Les cordes restent fixées aux voitures et sont reprises aussitôt l'ennemi repoussé.

Théorie-pratique de l'attelage américain.

I

En principe, c'est seulement pour soulager ou ren-forcer *temporairement* les attelages réguliers que l'on doit recourir aux chevaux de la cavalerie. Lorsque plusieurs sont attelés ensemble à la même voiture, les traits sont fixés, soit à la volée, soit à l'extrémité du timon, soit enfin au point de la voiture qui offre le plus de facilité pour la traction, en raison de la forme du véhicule et du nombre des chevaux attelés. Les voitures militaires présentent toujours, en nombre plus que suffisant, les points fixes nécessaires pour amarrer les nœuds coulants.

Les chevaux qui occupent la droite sont attelés sur le flanc gauche, les chevaux de gauche sont attelés du côté droit. La longueur du trait de chaque cheval se règle suivant sa place sur la ligne de traction.

Les chevaux de cavalerie n'étant employés que comme auxiliaires, ne se mettent pas ordinairement au timon. Cependant, il peut arriver que les attelages réguliers et les harnais fassent complétement défaut. Dans ce cas, lorsqu'on est obligé d'employer les chevaux de cavalerie, même au timon, on procède de la façon suivante :

Après avoir ajusté le trait à sa longueur, en le fixant d'un côté à la volée de la voiture et de l'autre au surfaix, au lieu de replier l'excédant de la corde, on en passe l'extrémité dans l'anneau qui se trouve à l'extrémité du timon et on l'y fixe. De cette manière, la corde remplit à la fois l'office de trait et de chaînette pour arrêter, retenir et tourner. La corde à fourrage réglementaire a toute la longueur nécessaire pour ce double office.

La planche III représente un cheval attelé à un caisson.

L'avant-train de l'artillerie diffère de celui des autres voitures militaires, en ce qu'il n'est pas à *sassoire*. Il en résulte que les chevaux du timon doivent en soutenir le poids. Cette circonstance rend l'emploi du cheval de cavalerie plus difficile, mais non impossible. Seulement, dans ce cas particulier, le surfaix-bricole devient nécessaire, et l'on procède ainsi qu'il suit :

Le cheval est d'abord attelé comme il vient d'être dit pour les voitures à *sassoire*, ensuite, indépendamment du prolongement du trait qui forme chaînette et sert déjà en partie à soutenir le timon, on fixe à l'extrémité de celui-ci une corde ou seconde chaînette qui s'attache à un anneau au milieu du poitrail, et fournit ainsi un deuxième point d'appui. Le poids qui sollicite l'extrémité du timon dans les conditions d'équilibre de l'avant-train, n'étant que de 8 ou 9 kilogrammes pour chaque cheval, les deux points d'appui fournis par le poitrail et le surfaix suffisent pour le soutenir, surtout lorsque d'autres chevaux sont attelés à l'extrémité. Toutefois, dans ces conditions, l'attelage ne doit marcher qu'au pas.

La planche IV représente un attelage de six chevaux à un fourgon : deux au timon, deux attelés *trait sur trait* avec les premiers, et deux à l'extrémité du timon.

Si parmi les chevaux dont on dispose, il s'en trouvait d'exercés à tirer sur deux traits et qui fussent pourvus du surfaix-bricole, on les placerait de préférence au timon.

Dans l'artillerie anglaise, l'avant-train est à limonière. Le cheval de cavalerie peut aussi s'atteler à ce genre de voiture, mais comme il doit nécessairement, dans ce cas, tirer sur deux traits, il faut qu'il soit pourvu du surfaix-bricole. La selle remplit alors l'office du mantelet ou de la sellette dans le harnais ordinaire. On débarrasse le cheval de son paquetage pour qu'il ne soit pas gêné dans les brancards, et comme il ne peut plus être monté, on soutient et l'on fixe ces derniers avec les étrivières.

II

La planche V représente la disposition à donner aux chevaux pour l'enlèvement des pièces abandonnées sans avant-trains (1).

On peut atteler indifféremment à la bouche du canon ou à la lunette de la crosse. D'une façon comme de l'autre, une pièce de campagne se manœuvre avec la plus grande facilité. Elle passe et tourne partout où deux chevaux peuvent passer et tourner de front, quels que soient d'ailleurs les obstacles que présente le terrain. Ainsi attelé, un canon peut être complétement culbuté, *renversé en cage;* il n'est pas nécessaire

(1) Il ne faut que deux chevaux pour enlever une pièce de 4; et quatre chevaux, pour une pièce de 12 du nouveau matériel rayé. La planche V présente la disposition pour un nombre quelconque de chevaux.

de le relever, la traction n'en devient que plus facile. L'expérience en a été faite au camp de Châlons.

Sur les terrains glissants ou très-raboteux, un ou deux cavaliers se placent à l'arrière et attachent leur trait à la bouche du canon si l'attelage tire du côté de la crosse, ou, au contraire, à la lunette, si les chevaux tirent du côté de la bouche. Les cavaliers qui montent ces chevaux marchent dans les traces de l'attelage, et ils servent à diriger la pièce en modérant le mouvement et en empêchant les roues de *fringaler* aux allures vives.

III

Ce qui distingue le procédé américain des autres systèmes d'attelage, c'est que, dans toutes les condi-tions possibles de traction et de terrain, il permet d'appliquer la puissance du cheval attelé précisément dans la direction et la mesure voulues pour dominer la résistance : 1° à l'avant de la voiture pour aider dans les mauvais chemins et les montées; 2° à l'arrière pour retenir dans les descentes ; 3° de côté ou latéra-lement pour soutenir et empêcher de verser sur les pentes.

Ainsi, par exemple, dans les descentes, en plaçant à l'arrière d'une voiture un ou deux chevaux, et même un plus grand nombre attelés trait sur trait si cela est nécessaire, on ralentit ou l'on arrête à volonté. Les cavaliers qui montent ces chevaux en retenant ou en rendant la main, peuvent régler leur action et modérer le mouvement suivant la nature de la route. Ils rem-placent ainsi, par une force raisonnée et graduée, l'action inintelligente du sabot d'enrayage qui reste toujours constante, quel que soit le terrain. Par ce procédé, — particulièrement sur les chemins accidentés, où les montées et les descentes se succèdent à tout instant, — on évite le temps perdu à enrayer et à désenrayer sans cesse. On épargne — au matériel en général, la fatigue, l'usure, les dégradations, — aux caissons d'artillerie en particulier, ce mouvement de trépidation si nuisible aux munitions et qui résulte toujours, plus ou moins, de l'enrayage ordinaire. (Planche VI, fig. 2.)

En pays de montagne, lorsqu'une voiture contourne une pente rapide, elle penche et est exposée à verser, surtout dans les tournants. Pour prévenir cet accident, il suffit d'atteler un ou plusieurs chevaux sur le côté opposé à la pente. Les cavaliers qui montent ces chevaux les dirigent obliquement de manière à soutenir latéralement tout en aidant à la marche. (Planche VI, fig. 1.)

Applications générales.

I

Tout cheval d'escadron pouvant être attelé, on comprend quelle immense ressource une armée doit tirer de sa cavalerie dans une foule de circonstances du service de guerre.

Nous allons indiquer seulement les principales. Comme toutes les idées véritablement simples et pratiques, l'attelage américain est tellement fécond en applications, que son emploi ne saurait manquer d'en révéler chaque jour de nouvelles.

Grâce à ce procédé, la cavalerie n'est plus seulement une protection, elle devient en même temps un auxiliaire assuré et des plus commodes pour les convois qu'elle escorte, sans que ce second rôle nuise en rien au premier.

Combien de fois n'est-il pas arrivé, dans le cours de nos grandes guerres, que la marche et les opérations des armées ont été entravées par la lenteur des convois? Tandis que les troupes pouvaient fournir aisément des étapes de sept et huit lieues, l'artillerie, les parcs, obligés de se traîner sur de mauvais chemins ou à travers des contrées difficiles, franchissaient à grand'peine la moitié, tout au plus les deux tiers de ce parcours! Or, à la guerre, trop souvent, le temps est tout.

II

Nous avons dit tout le parti que les Anglais avaient su tirer de leur cavalerie pendant l'insurrection indienne. Quel contraste l'inaction de la cavalerie allemande ne nous offre-t-elle pas pendant la dernière guerre du Danemark? Si les escadrons autrichiens et prussiens avaient su venir en aide à leurs parcs ensevelis dans les boues et les dégels du Jutland, le siége de Duppel eût commencé moitié plus tôt et la guerre duré moitié moins.

La cavalerie prussienne comptait *quarante-quatre*

escadrons (1), la cavalerie autrichienne en comptait *douze* (2). Le rôle de ces 56 escadrons a été complétement nul pendant la campagne, et l'on a vu se reproduire, au siége de Duppel, sur une petite échelle, il est vrai, la plupart des difficultés qui avaient arrêté l'armée française à Sébastopol.

On peut en juger par les passages suivants que nous empruntons à l'un des historiens de la guerre du Danemark (3) :

« .....Tout d'abord, il fallait faire venir un parc,
» ce qui n'était pas facile par les *affreux chemins* du
» Schlesswig dans cette saison. (Page 189). »

. . . .

« .....Les Danois suivaient avec une confiance
» quelque peu ironique les pénibles apprêts des Prus-
» siens pour élever ces batteries, et surtout pour y
» amener leurs grosses pièces de 24. *Il n'avait pas*
» *fallu, en effet, y atteler moins de deux cents hommes*
» *par pièce*, et depuis plusieurs jours on avait dû
» travailler sans relâche à améliorer les chemins.....
» (Page 293).

. » .....Le 21 mars fut signalé par l'arrivée des ca-
» nons de gros calibre à Flensbourg. *Les brigades*
» *donnèrent des hommes de corvée pour le débarquement*
» *et les charriages*..... (Page 300)..... etc., etc. »

(1) Cuirassiers n° 4 et n° 6 ; — Hussards n° 3 et n° 4 ; — Uhlands n° 5 et n° 11 ; — Dragons n° 2 et n° 5, plus un régiment de Hussards de la Garde.

(2) Hussards Lichteinstein, et Dragons Windichgrætz.

(3) *Guerre du Danemark en 1864*, par Ferdinand Lecomte, lieutenant-colonel à l'état-major fédéral.

Suivant **M.** le colonel Lecomte, une observation suggérée par la guerre du Danemark est celle-ci :

« ....Au mois de mars seulement, c'est-à-dire six
» semaines après l'ouverture de la campagne, apparut
» l'artillerie de siége qui ne fut en ligne qu'un mois
» plus tard. Or, Duppel est à une journée de marche
» ou de navigation de Flensbourg, et Flensbourg, par
» le chemin de fer, à une journée de Berlin. Ainsi,
» les deux étapes de Duppel au centre de la Prusse
» n'ont pu être franchies par les parcs prussiens qu'en
» *deux mois* en moyenne !... »

Combien ces lenteurs n'eussent-elles pas été abrégées si, au lieu d'employer des *hommes* à charrier l'artillerie, les Allemands avaient su tirer parti de leur magnifique cavalerie, de ces 6000 chevaux que la retraite des Danois derrière leurs fortifications réduisait à l'inaction la plus complète?

Cette inaction forcée de la cavalerie pendant une guerre de siége est d'ailleurs une situation qui doit se présenter également au début de toute campagne. Tant que la lutte n'est pas entamée, on est obligé de maintenir la majeure partie de cette arme sur les derrières, et dans les localités où elle peut trouver ses fourrages. On ne conserve en première ligne que la cavalerie légère strictement nécessaire pour le service des avant-postes et des reconnaissances. Pendant cette première période des hostilités, la cavalerie de réserve ou de ligne, inutile sinon gênante, se morfond dans ses cantonnements ou se traîne sur les routes dans une stérile oisiveté.

Quelle somme de travail, quelle immense puissance motrice n'a-t-on pas perdu jusqu'ici, faute de savoir l'utiliser au profit de l'armée !

Supposons la cavalerie échelonnée sur les communications qui traversent la base d'opérations ; supposons ses escadrons distribués avec une certaine méthode, comme des relais, sur les routes intermédiaires ou transversales qui conduisent aux magasins, aux grands dépôts, etc. On pressent de suite les services sans nombre que va rendre cette masse de chevaux comme auxiliaire des parcs, des transports, des charrois de toute sorte !

Escortés par une cavalerie familiarisée avec le mode d'attelage américain, l'artillerie, les parcs, les convois, ne sauraient désormais rester en route.

Avec cet auxiliaire, il devient possible de régler leur marche et de les faire arriver pour ainsi dire à heure fixe ; rien n'empêche de combiner leurs mouvements avec la même exactitude, avec la même célérité que ceux des troupes elles-mêmes.

Quel immense avantage pour le commandement ! Quelle garantie précieuse pour l'exécution ponctuelle des ordres de marche et des combinaisons stratégiques ! Quelle simplification, quelle ressource dans les circonstances pressantes ! En un mot, quelle puissance d'action ajoutée, par le plus simple et le plus élémentaire de tous les procédés, à celle que possède déjà une armée, toutes choses égales d'ailleurs.

Avantages de l'attelage américain au point de vue de l'emploi combiné de l'artillerie et de l'infanterie.

I

Les carrés ont donné lieu à de nombreuses controverses. Sans parler de ceux qui rejettent absolument cette formation de l'infanterie, on peut dire qu'il y a autant de carrés différents que de tacticiens (1). Quoi qu'il en soit de cette discussion qui est loin d'être close, il se dégage pourtant une opinion à peu près unanime quant à l'étendue à donner aux carrés.

On semble d'accord pour reconnaître que les meilleurs sont ceux d'un bataillon, de deux au plus. Leur formation est plus prompte; ils n'exposent pas du même coup à des pertes aussi fortes, car, petit ou grand, tout carré enfoncé est un carré à peu près perdu. Les carrés d'un seul bataillon laissent entre eux des intervalles à travers lesquels la cavalerie s'écoule volontiers pour éviter le feu de la face attaquée. Ils ont autant de solidité et donnent, proportion gardée, au-

(1) Il y a les carrés perpendiculaires et les carrés obliques; les carrés vides et les carrés pleins; les carrés avec et sans réserve; les carrés sur quatre rangs..... Il y a encore les carrés Jomini, les carrés Morand, les carrés Pelet, les carrés Cubières, les carrés Schneider, les carrés Saint-Arnaud, etc., etc..... On peut dire, de la plupart de ces formations ce que le maréchal Bugeaud — qui a aussi inventé son carré, — disait des manœuvres trop compassées, trop symétriques (ne pas confondre avec méthodiques); c'est qu'elles sont rarement applicables à la guerre. Le carré le meilleur est le plus simple, et celui d'un bataillon a cet avantage.

tant de feux que les grands, attendu qu'une face menacée n'a jamais à craindre que la portion de la ligne
de cavalerie qui charge directement devant elle, les
portions qui débordent étant sans effet, et l'extension
des faces ne faisant qu'augmenter dans la même proportion, le nombre des cavaliers dont le choc est effi-
cient.... etc., etc. Enfin, les carrés d'un bataillon, par
leur mobilité, se prêtent également à l'offensive comme
à la défensive, lorsqu'on a à combattre une armée
disposant d'une nombreuse cavalerie.

II

Pour balancer tous ces avantages, les carrés d'un
seul bataillon n'ont qu'un inconvénient, mais il est
grave. Ils se prêtent difficilement, surtout quand
l'effectif est réduit, à recevoir de l'artillerie.

L'emploi de l'attelage américain non-seulement
annulerait cet inconvénient, mais encore faciliterait
au plus haut degré la manœuvre des pièces renfermées
dans les carrés. Il permettrait, dans l'offensive comme
dans la retraite, de conserver toujours les pièces en
batterie, et de faire feu en quelque sorte en marchant,
sans ôter ni remettre les avant-trains.

La planche VII, figure 1, représente le carré d'un
bataillon de six pelotons seulement, de 40 hommes
chaque ; c'est-à-dire d'un effectif réduit à la dernière
limite.

Nous supposerons qu'un fantassin, pour se servir de
son arme avec facilité et précision, doit occuper $0^m,55$

dans le rang, devant l'ennemi. Pour la même raison, nous supposerons que l'épaisseur des deux rangs et des serre-files est de 2 mètres. Nous aurons ainsi 22 mètres pour les grandes faces extérieures, et 9 mètres pour les faces latérales. Ces mêmes faces, à l'intérieur du carré, auront respectivement 18 mètres et 7 mètres.

Il résulte de ce calcul, qu'une pièce attelée occupant en longueur de 11 à 12 mètres, un bataillon de 240 à 250 hommes, c'est-à-dire réduit à la moitié de son effectif normal, ne peut recevoir d'artillerie dans son carré.

Si l'on emploie maintenant les chevaux de devant pour traîner le canon, en l'attelant par la bouche ou par la crosse (suivant que l'on est sur l'offensive ou en retraite), les deux chevaux du timon servant pour mouvoir séparément l'avant-train, la longueur totale de la pièce et de son attelage se trouve dédoublée, et le même carré pourra recevoir deux pièces sans caissons, ou, pour peu que son effectif soit plus fort, une pièce et son caisson.

Ceci résulte des dimensions suivantes : longueur des pièces attelées, 11 à 12 mètres ; longueur des caissons, 10 mètres à 10^m,50 ; longueur de l'avant-train isolé, 4 mètres à 4^m,50 ; canon attelé par la bouche ou par la crosse, 6 à 7 mètres ; voie des pièces, 1^m,52 à 1^m,80.

Ces dimensions sont plutôt exagérées que diminuées.

La figure 2, planche VII, représente un carré de

deux bataillons de 250 à 300 hommes au plus chacun, avec réserves intérieures, et dans lequel on pourrait recevoir deux sections d'artillerie ou quatre bouches à feu avec leurs caissons. En disposant ces caissons le long des grandes faces, on leur donnerait une solidité qui ferait d'un pareil carré une véritable redoute.

Avantages de l'attelage américain au point de vue de l'action combinée de l'artillerie et de la cavalerie.

I

Dans l'association de la cavalerie et de l'artillerie sur le champ de bataille, la faculté d'employer ses chevaux au trait permettrait à la première d'aider à tout instant la seconde, et faciliterait évidemment, au plus haut degré, le concours réciproque que toutes les deux doivent se prêter. Avec l'attelage américain, il n'est plus de positions où l'artillerie ne puisse établir ses batteries, ni de difficultés de terrain qu'elle ne puisse franchir, si la cavalerie qui l'escorte peut gravir les unes et surmonter les autres.

II

L'artillerie à cheval, par sa mobilité et sa légèreté, est la seule qui puisse se prêter aux mouvements rapides de la cavalerie; mais elle est d'un entretien fort dispendieux; — pour un même nombre de bouches à feu, elle exige beaucoup plus d'hommes et de chevaux que l'artillerie montée; — l'instruction y est plus longue et plus compliquée ; — elle se désorganise facilement et se réorganise difficilement, parce qu'elle exige des hommes et des chevaux spéciaux ; — sur le champ de bataille, elle offre plus de prise aux coups de l'ennemi ; — elle allonge considérablement les colonnes..... etc.

Familiarisée avec le mode d'attelage américain, et associée à l'artillerie montée, la cavalerie pourrait donner à celle-ci toute la mobilité, toute la rapidité de l'artillerie à cheval, sans lui communiquer aucun des inconvénients signalés plus haut. Il suffirait pour cela d'une entente intelligente entre les deux armes, et de quelques manœuvres communes, depuis longtemps réclamées comme le complément indispensable de leur instruction.

III

Sur le champ de bataille, la cavalerie est la seule arme qui puisse *enlever*, de haute lutte, l'artillerie ennemie. L'infanterie, à moins de circonstances exceptionnelles, ne peut que *ramasser* les pièces démontées ou abandonnées. D'un autre côté, dans les conditions actuelles, si la cavalerie n'est pas immédiatement soutenue par l'infanterie, comme elle n'a que peu ou pas d'action défensive, elle est souvent obligée d'abandonner les pièces qu'elle a conquises. On voit ce fait se représenter à chaque page de l'histoire de nos guerres de la République et du premier Empire.

Si la cavalerie était familiarisée avec l'attelage américain, toute pièce restée en son pouvoir, ne fût-ce que pendant quelques instants, serait irrévocablement perdue pour l'ennemi.

IV

Ce procédé si simple fournit donc, en réalité, une contre-manœuvre des plus importantes à la guerre. Il permet, en effet, de déjouer la tactique de quelques armées étrangères, qui consiste à continuer jusqu'au dernier moment le feu de l'artillerie, *puis à abandonner les pièces lorsqu'elles sont menacées par la cavalerie*, en portant au galop les avant-trains et les caissons derrière les réserves, tandis que les artilleurs se jettent avec les armements dans les carrés voisins.

V

C'est évidemment un préjugé que d'attacher à la perte d'un canon la même idée qu'à la perte d'un drapeau. Un canon ne se porte pas au côté comme une épée. Il y a mille occasions où l'on peut perdre son artillerie, où il faut savoir la perdre.

Si « l'artillerie fait la destinée des peuples (1) », c'est par des manœuvres hardies, c'est en frappant de ces coups soudains, foudroyants, qui impliquent toujours une extrême audace. L'audace et la témérité se touchent. On ne peut obtenir de grands résultats sans courir de grands risques. Si donc l'excès de témérité peut tourner au désavantage de l'artillerie, en revanche, l'excès de prudence, pas plus pour cette

(1) Napoléon.

3

arme que pour la cavalerie, ne saurait obtenir ces résultats brillants, décisifs, qui assurent le gain des batailles. L'artillerie ne peut évidemment contribuer à ces résultats, sans s'exposer parfois à compromettre ses pièces, mais cette crainte ne doit pas l'arrêter.

Quoi qu'il en soit, préjugé ou non, l'idée de *trophée* qui s'attache à une pièce prise est une idée avec laquelle on doit compter, au point de vue même de l'effet moral sur les troupes. Il faut donc en prendre à l'ennemi le plus qu'on peut, et n'en laisser entre ses mains que le moins possible.

Une cavalerie exercée à l'attelage américain répond à ce double objet.

Si elle peut enlever, *en quelques secondes*, les pièces ennemies qu'elle a conquises ; à plus forte raison, elle peut aussi sauver les pièces que l'on serait obligé d'abandonner dans une retraite, soit faute d'attelages, soit parce que les avant-trains seraient démontés.

VI

« Une batterie de canons qui prolonge, domine, bat l'ennemi en écharpe, peut décider d'une victoire (1) » ; celui qui sait faire arriver subitement, à l'insu de l'ennemi, sur un de ses points, une masse d'artillerie, est sûr de l'emporter. C'est là une question de célérité. La rapidité est le premier gage de succès dans ces manœuvres. Il faut pouvoir arriver comme la foudre, et, au besoin, l'effet produit..... ou manqué, disparaître de même.

(1) Napoléon.

Sur le champ de bataille, ces résultats décisifs que détermine l'artillerie employée en grandes masses, lorsqu'elle manœuvre hardiment et au large sous la protection de la cavalerie ; lorsqu'elle se porte à toute vitesse sur les flancs ou sur les lignes de retraite de l'ennemi....; ces effets foudroyants pourraient être obtenus bien plus facilement, et offriraient bien moins de dangers que par le passé avec une cavalerie susceptible de renforcer à tout instant les attelages. On n'aurait plus à craindre de surmener ces derniers. On pourrait leur demander, en allant prendre position, tout ce qu'ils ont de puissance, tout ce qu'ils peuvent donner de vitesse. On n'aurait plus à se préoccuper du retour.

VII

Lorsqu'elle bat en retraite pour son compte ou lorsqu'elle soutient la retraite des autres armes, l'artillerie emploie une manœuvre qui lui permet de continuer son feu sans interruption, et sans perdre un temps précieux à remettre et à ôter les avant-trains.

Pour l'offensive, elle n'a pas l'équivalent de la manœuvre à la prolonge.

Une ligne ennemie a souffert un feu violent, les pertes qu'elle a éprouvées ont éclairci ses rangs, un flottement imperceptible révèle à un général habile que son moral commence à faiblir.... Eh bien, c'est lorsqu'il s'agit de changer cette hésitation en retraite, en désordre, en déroute....; c'est au moment où il

faut se porter en avant, aborder cette ligne à la baïon-
nette, la rompre, la culbuter avant qu'elle n'ait gagné
un pli de terrain qui va la défiler des projectiles, ou
une position qui lui permettra de se rallier, de faire
tête ; c'est précisément à ce moment suprême, et
quand il faudrait pouvoir pousser, presser, frapper
l'ennemi sans relâche, que l'artillerie qui appuie les
colonnes d'attaque est obligée d'interrompre son feu
pour se porter en avant, et perd ainsi, à remettre et
à ôter ses avant-trains, des instants dont chaque seconde vaut un siècle.

Il y a là un inconvénient très-grave et qui a fixé
l'attention de plus d'un officier expérimenté (1).

En attelant ses canons par la bouche, d'après le
système américain, et en employant les chevaux de
tête de chaque pièce pour la porter en avant, tandis
que les chevaux du timon suivraient avec l'avant-train,
l'artillerie aurait une manœuvre aussi simple que rapide pour appuyer les colonnes d'attaque de son tir à
mitraille, et cette manœuvre serait exactement, pour
l'offensive, l'équivalent de la manœuvre à la prolonge
pour la retraite.

(1) M. le général de division Daullé, ancien président du comité des
fortifications, et dont le nom est inséparable de tous les travaux qui
ont eu pour objet, dans ces derniers temps, le blindage des vaisseaux,
le chargement des canons par la culasse....., etc., M. le général
Daullé a imaginé, pour l'offensive de l'artillerie, un système de prolonge à palonniers qu'il a bien voulu nous communiquer, et dont
l'analogie avec celui que nous proposons nous semble la meilleure
garantie de la justesse des idées sur lesquelles nous appelons l'attention.

VIII

Dans les conditions actuelles, que se passe-t-il, en effet, lorsqu'une batterie, *déjà en action*, doit se porter en avant et appuyer un mouvement offensif?

Cette batterie se forme en échelons, par demi-batterie, aux commandements suivants :

1. *Feu en avançant par demi-batterie* (batterie ou division).
2. *Demi-batterie de droite — commencez le mouvement.*

Le chef du premier échelon commande :

3. *Cessez le feu.*
4. *Amenez les avant-trains en avant.*
5. *Marche.*

Le chef du premier échelon commande ensuite :

6. *Demi-batterie en avant.*
7. *Guide à gauche.*
8. *Marche.*

puis enfin quand le premier échelon est arrivé sur la nouvelle position :

9. *En batterie — halte.*
10. *Commencez le feu.*

Pendant ce temps, le deuxième échelon continue son feu « *de manière à ne pas gêner les pièces qui se portent en avant;* » ce qui n'est pas toujours facile sans diminuer d'autant l'efficacité du tir, précisément sur la portion de la ligne ennemie qui fait face aux colonnes d'attaque.

En résumé, il ne faut pas moins de DIX commandements ou avertissements pour porter en avant la moitié des pièces ; il faut exécuter deux mouvements toujours fort délicats sous le feu de l'ennemi ; car indépendamment du temps qu'ils demandent, de la précision qu'ils exigent, il suffit d'une flèche cassée dans un demi-tour trop brusque ou trop court, il suffit d'un cheval de timon tué ou blessé, pour mettre sinon le désordre, au moins, pour suspendre pendant un temps plus ou moins long le service d'une pièce.

En exécutant le « *Feu en avançant* » avec le mode d'attelage américain, on trouverait les avantages suivants :

1° Un seul commandement suffirait pour porter les pièces en avant avec une promptitude extrême.

2° Chaque pièce étant indépendante de son avant-train ne serait plus exposée à être arrêtée par les accidents survenus à ce dernier pendant la marche en avant.

3° Si des chevaux attelés à la bouche des canons venaient à être tués, il suffirait d'une seconde pour en débarrasser la pièce et en atteler d'autres.

4° Aussitôt les pièces arrivées sur la nouvelle position, la mise en batterie serait en quelque sorte *instantanée*, et le feu pourrait commencer sans le moindre retard.

5° Les pièces et les avant-trains dédoublés tournant sur place, pouvant passer partout où deux chevaux peuvent se présenter de front, il en résulterait une grande facilité pour l'exécution du « *Feu en avançant* » dans les défilés, au passage des ponts, sur les chaussées étroites, sur les routes bordées de fossés profonds, etc.... Enfin, rien n'arrêterait la marche des pièces dans les terrains difficiles, plantés d'arbres et qui opposent parfois des obstacles insurmontables aux mouvements de l'artillerie....

Pour toutes ces raisons, il nous semble que l'emploi du procédé américain, non-seulement simplifierait au plus haut degré la manœuvre de l'artillerie dans l'offensive, mais encore qu'il permettrait d'imprimer à son feu une rapidité, une continuité, une puissance telles, qu'aucune troupe ébranlée ou hésitante ne pourrait y résister. Dans de pareilles conditions, toute tentative de ralliement deviendrait impossible.

Avantages de l'attelage américain au point de vue de l'exécution des services administratifs.

I

Le défaut ou l'insuffisance des moyens de transport a souvent failli faire échouer les combinaisons stratégiques les plus admirables, ou a mis dans l'impossibilité de songer à les exécuter.

« Si j'avais eu 30000 coups de canon de plus, à Leipsik, a dit Napoléon, l'Europe était à moi. » Ce ne sont pas les munitions qui manquaient alors dans les arsenaux, mais bien les attelages et les moyens de transport qui firent défaut pour la campagne de Saxe.

Les défaillances de l'administration, et les plaintes qu'elles ont pu soulever parfois, dépendent beaucoup plus, — il faut le dire pour être juste, — de la force des choses, que du personnel administratif. Les armes *militantes*, si l'on peut s'exprimer ainsi, sont maintenues sur le pied de paix comme sur le pied de guerre, dans leur intégrité de moyens, de personnel et de matériel. Il ne peut pas en être de même pour l'administration. Si fortement organisés que soient ses services au début d'une campagne, à mesure que l'on s'éloigne du territoire, elle est obligée de recourir à des auxiliaires, à des entreprises, à des marchés, en un mot, à des moyens plus ou moins aléatoires, et parmi lesquels celui des réquisitions, en ce qui concerne les transports, est surtout fertile en mécomptes. En général, ce ne sont pas les véhicules qui manquent, mais les bêtes ont quatre jambes pour s'esquiver avec leurs propriétaires. Sans attelages, les voitures ne servent à rien.

Ces difficultés, que l'expérience a trop bien démontrées, obligent à augmenter considérablement le nombre des voitures militaires.

Tous les traités d'administration, anciens ou récents, réclament des moyens de transport qui semblent excessifs relativement aux services à accomplir. Ce n'est pas tout, la préoccupation de ne pas rester en route conduit à charger très-peu les voitures militaires.

M. l'intendant Vauchelle évalue à 366 kilogrammes, voiture comprise, la charge maximum du cheval du train; « nos anciens caissons à 1000 rations, écrit-il, étaient jugés trop lourds, et souvent nous dûmes en réduire la charge. Dieu sait combien restèrent semés sur les routes de l'Europe!... Il faut, en campagne, des convois qui arrivent, et, pour qu'ils arrivent, il faut que les voitures ne soient pas surchargées; 800 rations de pain reçues valent mieux que 1600 restées en chemin. »

M. Vauchelle rejette donc absolument le caisson de 1600 rations pesant 1200 kilogrammes, qui aurait donné une charge de 515 kilogrammes par cheval.

D'après M. l'intendant Guillot, la capacité *maxima* du caisson d'administration devrait être de 600 pains ou 1200 rations pesant 900 kilogrammes. Cette charge serait la moyenne entre celle de 500 pains ou 1000 rations pesant 750 kilogrammes, conseillée par M. Vauchelle, et celle de 800 pains ou 1200 kilogrammes que cet administrateur déclare exagérée.

II

Quand on examine les voitures de roulage qui sillonnent nos routes; — quand on songe qu'un *omnibus*, dont le poids égale pour le moins celui de nos voitures militaires, et qui porte vingt-huit personnes, c'est-à-dire environ *dix-huit cents kilogrammes*, est traîné, *au trot*, par deux chevaux seulement; — quand on songe que ces chevaux sont, à tout instant, obligés d'arrêter et de repartir, ce qui est une cause de fatigue extrême;... — on se demande, même en tenant tout le compte possible de la différence qui existe entre des percherons et nos attelages militaires, — on se demande s'il n'y a pas une exagération évidente à limiter entre 350 et 500 kilogrammes au maximum, la charge que le cheval du train est capable de traîner *au pas*.

Cette charge, en effet, varie à peine du tiers à la moitié de celle adoptée pour le roulage des voitures à quatre roues, laquelle est de 700 à 1000 kilogrammes.

Cette fixation si inférieure a été évidemment déterminée en prévision de l'insuffisance ou de l'affaiblissement des attelages, et aussi en vue des mauvais chemins que les convois peuvent rencontrer. Ce qu'il faut, comme le dit fort bien M. Vauchelle, ce sont des convois qui arrivent et qui arrivent quelles que soient les routes.

Le tableau ci-dessous donne le nombre des chevaux nécessaires pour traîner horizontalement une voiture à quatre roues chargée de 4000 kilogrammes :

NATURE DE LA ROUTE.	NOMBRE de chevaux pour 4000 kilog.
Sur un pavé très-bon..........	3
Route en cailloutis très-bonne...	4
Pavé de grès mauvais..........	4
Cailloutis rouagé............	5
En blocailles raboteuses.......	6
En terrain naturel...........	15
En terrain argileux..........	25

En montrant que, pour un même chargement, le chiffre des chevaux peut varier de *trois* à *vingt-cinq*, suivant la nature du terrain, ce tableau justifie les appréhensions de l'administration et explique... *ces nombreux fourgons semés par nos armées sur toutes les routes de l'Europe.*

III

Quoi qu'il en soit, la charge extrêmement réduite des voitures militaires est une des causes des nombreux transports que réclame l'administration et qui encombrent les armées.

D'après **M.** l'intendant Guillot, « le nombre des voitures nécessaires en campagne peut être évalué ainsi qu'il suit : 12 voitures pour la consommation journalière d'une division de 10 000 hommes, soit pour six jours, si elle est alimentée par des magasins à deux jours de marche, 72 voitures. Il faut ajouter un tiers pour pertes, réparations, habillement, ambulances, etc. Total, 96 voitures. Pour une armée de 100 000 hommes, il ne faudra pas moins de 770 voitures, même en tenant compte de la diminution des effectifs. »

Si l'on ajoute à ce chiffre déjà énorme les voitures louées ou requises, les bagages des corps, les parcs, etc., on aura une idée de ce que peuvent être les *impedimenta* d'une armée de 150000 à 200000 hommes : acheminés sur une seule route, et sur une seule file, ils n'occuperaient pas moins de sept ou huit lieues !

IV

La charge imposée aux attelages militaires n'ayant pas été fixée pour les circonstances ordinaires, mais bien dans l'éventualité de mauvais chemins beaucoup plus rares aujourd'hui qu'à l'époque de nos anciennes guerres, c'est sur l'exception que la règle se trouve basée.

Ceci établi, il est clair que si l'administration avait un moyen assuré qui lui permît d'élever la puissance de ses transports suivant les besoins ou les difficultés de chaque moment, elle pourrait remanier cette partie de son service de façon à économiser dans les circonstances normales, et sur les bonnes routes, toute la force qui se trouve inutilement employée dans la seule prévision des mauvaises. En d'autres termes, on pourrait se rapprocher beaucoup plus, dans le chargement des voitures militaires, des fixations du roulage civil, ce qui permettrait d'en diminuer le nombre.

Cet auxiliaire assuré, l'administration le trouverait dans la cavalerie, en se bornant à utiliser l'exercice journalier que commande l'hygiène pour maintenir les chevaux en haleine.

Supposons un régiment de quatre escadrons espacés de 6 kilomètres en 6 kilomètres, sur une des communications de l'armée. Le charroi d'un poids de 150 kilogrammes, sur un parcours aussi limité, et le retour au gîte, sans autre poids à porter que celui du cavalier, serait un travail plus que modéré pour un cheval. Or, 150 kilogrammes, c'est 300 livres de pain, c'est 200 rations. Cent chevaux en transporteraient donc 20 000 ; et, dans une seule journée, les quatre escadrons (ou relais) feraient franchir six ou sept lieues, c'est-à-dire une étape entière, à la distribution de tout un corps d'armée.

On peut affirmer qu'au point de vue des services administratifs d'une armée en campagne, une cavalerie familiarisée avec l'attelage américain non-seulement assurerait leur exécution dans des conditions de célérité inconnues jusqu'ici, mais encore procurerait une économie énorme :

1° Économie dans le prix d'achat ou de location des transports auxiliaires;

2° Économie du salaire des conducteurs civils;

3° Économie du prix de leur nourriture et de celle de leurs animaux, — car il faut nourrir les uns et les autres, si l'on veut que le service soit assuré;

4° Économie au point de vue des approvisionnements, dont une partie se trouve ainsi dépensée pour nourrir des non-combattants, etc., etc.

Un cheval blessé non-seulement ne rend pas de services, mais est un embarras dans un escadron. Les chevaux blessés par la selle,—et Dieu sait si le nombre en est grand dans la cavalerie française (1) — le sont d'habitude au garrot ou au rognon, jamais sur la partie du corps qui correspond au surfaix. En mettant les selles de ces chevaux sur les voitures, on pourrait parfaitement les employer au trait avec la couverture, et ils n'en guériraient que plus vite.

Si l'administration avait eu trois ou quatre mille chevaux à atteler pour remplacer les bœufs qui traînaient si péniblement nos convois sur les routes de la Lombardie; combien de lenteurs, de retards et, par suite, de plaintes n'aurait-on pas évités.

_____

(1) Sur un effectif de 10 000 chevaux, la cavalerie de l'armée d'Italie n'en avait pas moins de 5 ou 6000 de blessés au moment de la bataille de Solferino.

Waterloo.

I

Les faits de nature à mettre en lumière tous les avantages que présenterait une cavalerie dont les chevaux seraient exercés au trait, se rencontrent à chaque page de l'histoire de nos grandes guerres. Bornons nous à deux exemples : *Waterloo* et *Solferino*. Waterloo la dernière bataille du premier Empire; Solferino, la dernière bataille du second.

A moitié gagnée contre Wellington et Bulow, la bataille de Waterloo fut définitivement perdue par suite de l'arrivée de Blucher.

Blucher débouchant *une heure plus tard* sur notre extrême droite, ou bien Ney prenant pied *une heure plus tôt* sur le plateau du Mont-Saint-Jean, la défaite des Anglais semblait certaine. Leur résistance acharnée devait prouver, une fois de plus, qu'à la guerre le temps est tout.

On sait les dispositions prises par Wellington au Mont-Saint-Jean : menacé par la cavalerie du maréchal Ney, il forme son infanterie sur deux lignes de carrés en échiquier, chaque carré formé de deux bataillons. En avant de son front et sur le bord du plateau, il place soixante bouches à feu, avec ordre aux canonniers de soutenir leur feu jusqu'au dernier moment; puis il abandonne en quelque sorte cette artillerie à elle-même, en faisant reculer sa première ligne d'infanterie en arrière de la crête, de manière à la défiler autant que possible de notre feu.

Ces dispositions étaient une conséquence de la tactique dont nous avons déjà parlé, et que M. Thiers définit ainsi : « Les Anglais avaient en effet la coutume, lorsque leur artillerie était menacée par des troupes à cheval, de retirer dans les carrés les canonniers et les attelages, *de laisser sans défense les canons que l'ennemi ne pouvait emmener sans chevaux*, et, quand l'orage était passé, de revenir pour s'en servir de nouveau contre la cavalerie en retraite » (1).

Toutes les péripéties de l'attaque du Mont-Saint-Jean sont bien connues.

Dès la première charge, les cuirassiers de Delort enlèvent l'artillerie des Anglais; mais leurs efforts viennent se briser devant la résistance inébranlable de l'infanterie. C'est en vain que Wathier succède à Delort, et Lefebvre-Desnouëttes à Wathier. La première ligne de Wellington est entamée ; plusieurs carrés sont culbutés, sabrés, et perdent leurs drapeaux. Mais la plupart maintiennent leur position ou se reforment, et continuent leur feu meurtrier. Après chacune de ces charges, nos cavaliers sont obligés de battre en retraite, *« et cette retraite s'opère sous le feu des batteries tout à l'heure en notre pouvoir, maintenant en action contre nous. »*

Les cuirassiers de Kellermann, les grenadiers à cheval et les dragons de Guiot viennent se joindre aux

______

(1) *Histoire du Consulat et de l'Empire*, t. XX, p. 222.

divisions de Milhaud et de Desnouëttes ; plus de 10 000 cavaliers se trouvent ainsi réunis et opèrent une suite de charges continues qui ouvrent chaque fois de nouvelles brèches dans l'infanterie anglaise, mais sans parvenir à lui faire lâcher pied.

Ce n'est qu'après ONZE CHARGES successives et DEUX HEURES d'une lutte sans exemple dans l'histoire, que la cavalerie française parvient enfin à se maintenir sur le bord du plateau, ayant derrière elle les 60 bouches à feu conquises au prix de tant d'efforts.

Est-il besoin d'insister sur l'influence que cette artillerie a dû avoir, non-seulement sur la durée, mais encore sur l'issue définitive du combat que nous venons de résumer ?

N'est-il pas évident que la cavalerie française, après s'être emparée des canons anglais *dès sa première charge*, aurait singulièrement diminué ses pertes, simplifié et abrégé sa tâche, *si elle avait eu les moyens d'emmener ces pièces ou de les mettre hors de service ?* Défilée du feu de l'infanterie anglaise par la crête du plateau, elle aurait pu, dans les charges suivantes, déboucher sur le Mont-Saint-Jean en ordre et compacte, au lieu de ne l'aborder chaque fois que déjà décimée, ébranlée par la mitraille de ces soixante pièces. Ses efforts contre les carrés anglais eussent été bien autrement puissants, et probablement aussi leur résultat tout autre.

Abrégée d'une heure, la lutte au Mont-Saint-Jean se terminait par la retraite définitive des Anglais, dont les fuyards encombraient déjà la chaussée de

Bruxelles (1). Blucher arrivait trop tard, ou n'arrivait plus que pour trouver l'armée française en mesure de le recevoir. Toutes choses égales d'ailleurs, au lieu d'un désastre, Waterloo n'était plus qu'une bataille indécise.

N'est-ce pas là l'éternelle histoire des grands effets et des petites causes !

Il suffisait de 250 à 300 chevaux *exercés au trait*, sur les 10 000 que le maréchal Ney commandait, pour *enlever* les 60 canons anglais du Mont-Saint-Jean. Sur les deux ou trois cents maréchaux-ferrants qui se trouvaient présents, il suffisait d'une douzaine, *munis des engins nécessaires*, pour enclouer ces pièces et les mettre au moins hors de service, si l'on ne pouvait les emmener.

II

On a beaucoup écrit dans ces derniers temps sur la bataille de Waterloo. Les versions françaises, notamment celles de l'*Histoire du Consulat et de l'Empire*, ont soulevé de nombreuses controverses.

Un témoin oculaire anglais, entre autres, a publié à Londres une longue réfutation intitulée : « *The Battle of Waterloo by M. Thiers.* » La science militaire incontestable de l'auteur de cet écrit, donnait un certain poids à ses contradictions. Nous en avons cherché la valeur exacte en ce qui concerne l'épisode le plus intéressant pour nous : celui des soixante canons du

____

(1) Thiers, t. XX, p. 227.

Mont-Saint-Jean. Nous croyons être en mesure de prouver toute l'exactitude de l'histoire du Consulat et de l'Empire, en nous appuyant sur des témoignages exclusivement anglais, celui compris du duc de Wellington lui-même.

1° L'auteur de la réfutation en question commence par contester l'assertion de M. Thiers, en ce qui regarde la tactique prêtée à l'artillerie anglaise :

« .....M. Thiers, dit-il, nous obligerait fort s'il vou-
» lait bien nous faire connaître sur quelle autorité il
» s'appuie pour prétendre que la tactique habituelle
» de l'armée anglaise a jamais été d'abandonner ses
» canons. Nous serions aussi fort aise qu'il voulût
» bien nous expliquer comment les attelages des
» soixante pièces du Mont-Saint-Jean auraient pu être
» reçus dans des carrés d'infanterie, la plupart formés
» de bataillons dont pas un, au début de la bataille,
» n'avait un effectif dépassant 500 hommes, effectif,
» d'ailleurs, d'instant en instant plus réduit pendant le
» cours de la journée. L'absurdité d'une pareille
» assertion n'a pas même besoin d'être démontrée (1).
» Quiconque possède la moindre notion d'arithmé-
» tique, peut facilement évaluer la surface intérieure
» d'un carré de 500 hommes sur trois de profondeur,
» et voir s'il était possible d'y parquer un aussi grand
» nombre de chevaux. Une pareille assertion ne peut
» émaner que d'un homme profondément ignorant

(1) Nous n'avons pas besoin de faire remarquer que nous nous bornons à traduire textuellement ; l'inconvenance de ce langage appartient en toute propriété au critique anglais.

» des choses dont il parle. Il n'y a pas un officier
» d'artillerie français qui ne soit en mesure d'apprendre
» à M. Thiers qu'il est d'habitude (pour employer son
» expression), lorsque des pièces sont placées en posi-
» tion, de porter les attelages en arrière..... Nous ne
» contesterons pas le mérite du récit de M. Thiers
» comme magnifique spécimen de littérature : il ne lui
» manque qu'une chose pour être irréprochable, c'est
» de contenir un seul mot de vrai, etc. » (1).

Si l'on se reporte à ce que nous avons dit plus haut
à propos de l'emploi combiné de l'artillerie et de l'in-

(1) Le ton de cette critique nous impose en quelque sorte l'obligation d'en donner le texte anglais :

« It would have been some satisfaction had M. Thiers told us whence
» he derived his authority for saying that the usual tactic of the Bri-
» tish army was to abandon its guns, and also to explain how the
» horses belonging to sixty pieces of artillery could be received
» within the infantry squares, mostly formed of battalions, none of
» which at the commencement of the battle exceeded 500 men, and
» as the day wore on they were much reduced in numbers. The
» absurdity of such an assertion needs non refutation. Any one posses-
» sing the smallest arithmetical knowledge can readily calculate the
» interior area of a [square of 500 infantry formed three deep, and
» how many horses could by possibility be packed within it.
» This comes of a man dealing with a subject of which he is profoun-
» dly ignorant. There is not an artillery officer in his own service
» who could not have informed M. Thiers that it is *customary* (to use
» his own word) when guns are placed in position, to send the horses
» to rear..... There is no denying the merit of the description as a
» very beautiful specimen of writing, and it would be very valuable
» if it contained a word of truth....., etc.»

(*The Battle of Waterloo*, by M. Thiers. —
Observations by an eye witness).

fanterie, il est facile de voir que l'objection basée sur la superficie ou la *capacité* des carrés de Waterloo est sans valeur. Nous avons démontré que des carrés d'un effectif beaucoup plus faible se prêtaient parfaitement à recevoir les pièces *dédoublées*, autrement dit les avant-trains séparés des canons. Les carrés anglais à Waterloo, étant formés *de deux bataillons*, et les caissons pouvant se retirer derrière la seconde ligne et les réserves, les carrés de la première ligne présentaient largement les dimensions nécessaires pour abriter les avant-trains et les attelages.

Quant à la tactique contestée, les campagnes de la Péninsule suffiraient à prouver que, dans nombre de circonstances, les artilleurs anglais se sont retirés devant la cavalerie française en emmenant les avant-trains et les caissons, et en abandonnant momentanément leurs pièces, pour les reprendre bientôt après dans un retour offensif. Mais, l'extrait suivant d'un *cours d'art militaire anglais* — c'est-à-dire d'un ouvrage purement didactique et classique chez nos voisins — ne laisse aucun doute sur l'exactitude des assertions de l'historien français :

« ..... When the artillery is employed in isolated
» squares, one or two pieces are posted in the sectors
» without firing, if the squares are combined, the
» artillery is posted in the intervals; *when cavalry*
» *charges the artillery, the gunners take refuge in the*
» *interior of the squares,* or fling themselves between
» the wheels, lie down beneath the frames, and defend

» themselves with their aiming levers and maulkins.
» *When the charge is over they recommence firing, as*
» *did the British artillery at Waterloo.* »

(Artillery : its Organisation Action and Formations,
by A. STEINMETZ.)

Si les artilleurs anglais, — ainsi qu'il résulte de cette citation, — se réfugient dans les carrés, lorsque leurs pièces sont placées *dans les intervalles* de l'infanterie, à bien plus forte raison devaient-ils en agir ainsi à Waterloo, puisque leurs batteries étaient en position *sur le front et en avant de la première ligne.* Si les attelages et les artilleurs ne s'étaient pas retirés devant les charges de notre cavalerie, ils eussent souffert du feu des carrés anglais tout autant que nos cuirassiers.

2° Le contradicteur de M. Thiers conteste également l'occupation, — même temporaire, — des batteries anglaises du Mont-Saint-Jean par notre cavalerie :

« Comment admettre, demande-t-il, si ces pièces
» ont été réellement conquises, que la cavalerie fran-
» çaise ne les ait pas enclouées ? N'était-ce pas la pre-
» mière chose à faire, puisqu'on manquait d'attelages
» pour les emmener ? Peut-on admettre que les cui-
» rassiers, les plus vieux soldats de l'armée française,
» n'aient pas su faire ce que, de l'aveu même de
» M. Thiers, les conscrits de la brigade Ponsomby ont
» bien su accomplir ? Au milieu d'une mêlée où ils
» avaient affaire à une force d'infanterie et de cava-

» lerie décuple de la leur, les cavaliers de Ponsomby
» ont réussi à mettre hors de service les deux batteries
» françaises dont ils se sont emparés ; bien plus, un
» sous-officier, aidé d'un soldat du Royal-Dragons, est
» parvenu à conduire une des pièces enlevées jus-
» qu'aux lignes anglaises..... » (1)

La capture des batteries du Mont-Saint-Jean est
établie par le plus concluant, le plus irrécusable de
tous les témoignages : celui du général en chef de
l'armée anglaise.

Dans une lettre aussi intéressante que précieuse, et
où il cherche à caractériser la différence entre son
système et celui de Napoléon, quant à la manière
d'employer la cavalerie, le duc de Wellington s'ex-
prime ainsi :

« .....For he (*Napoléon*) gained some of his battles
» by the use of his cuirassiers as a sort of accelerated
» infantry, with which, supported by masses of can-

____

(1) « ..... The sixty English guns were captured — if that were the
» case, and they could not be removed for want of horses, why were
» the guns not spiked? the oldest soldiers in the French army could
» scarcely be ignorant that it would be the next best thing to do wken
» they found they could not carry them off. These men had more
» experience in war than two thirds of Ponsomby's brigade of heavy
» cavalry, yet they, M. Thiers confesses found means to disable two
» batteries of French artillery which they fell upon in their charge,
» notwithstanding that they were in the midst of ten times their
» numbers of cavalry and infantry mixed together, and one gun was
» actually brought safely into the british lines by a non commissioned
» officer and soldier of the Royal-Dragoons. »

(*The Battle of Waterloo*, by M. Thiers. —
Observations by an eye witness.)

» non, he was in the habit of seizing important parts
» in the centre or flanks of his enemy's position, and
» of occuping such points till his infantry could arrive
» to relieve them. *He tried this manœuvre at the*
» *battle of Waterloo, but failed, because we were not*
» *frightened away,* AND IN FACT ATTACKED THE CUIRAS-
» SIERS WHO WERE IN POSSESSION OF THE LINE OF OUR
» CANNON, with the squares of infantry, and when
» once we moved them, i poured in our Life
» Guards..... etc., etc. This shows the difference
» between his principles and mine, etc. » (1)

WELLINGTON.

L'occupation, à plusieurs reprises, des batteries
anglaises du Mont-Saint-Jean par notre cavalerie, ne
peut donc faire l'objet d'un doute. Quant à la question
de leur *non mise* hors de service, — fait malheureusement trop exact, — nous ne pouvions en chercher
l'explication dans les auteurs anglais. Nous nous
sommes aussi adressé à un témoin oculaire, mais un
Français celui-là.

Voici ce que nous a répondu l'un des rares sur-
vivants de cette lutte, « sans pareille dans les annales
de la guerre », suivant l'expression si juste de l'historien du Consulat et de l'Empire :

---

(1) Lettre adressée, au mois de juillet 1826, par le duc de Wellington, à lord William Russel, alors lieutenant-colonel du 8ᵉ hussard
(*The Queen's own Light*).

« Mon cher colonel,

» Je m'empresse de vous donner les détails que vous
» me demandez au sujet de Waterloo. Malheureuse-
» ment, je ne puis vous dire que ce qui est relatif à
» mon régiment, 3ᵉ cuirassiers, brigade Donop, divi-
» sion Roussel-d'Hurbal.

» Nous faisions en effet partie des cuirassiers qui
» ont chargé sur les batteries anglaises, *et trois fois,*
» *pour son compte,* notre brigade les a enlevées, a
» pénétré au milieu des pièces et les a dépassées en
» sabrant les quelques artilleurs qui n'avaient pu
» atteindre les carrés. Mais foudroyés par le feu de ces
» carrés et chargés par la cavalerie anglaise, nous
» étions obligés, à notre tour, de revenir nous rallier
» sous nos propres batteries.

» Je me rappelle très-bien que, tandis que nous
» étions au milieu des pièces, *nous gémissions de ne*
» *pouvoir les enclouer ou les mettre hors de service, faute*
» *des moyens nécessaires.*

» Si seulement, disions-nous, nous avions de l'in—
» fanterie pour nous soutenir !

» Quant à emmener les pièces, personne n'y a
» songé, car nos chevaux n'avaient rien de ce qui
» était indispensable pour cela; et puis, il eût été dif-
» ficile, pour ne pas dire impossible, aux cuirassiers, au
» milieu de cette lutte suprême, de mettre pied à terre
» pendant tout le temps qu'il aurait fallu pour atteler.

» *Nul doute, selon moi, que si l'on avait eu de quoi*
» *enclouer au moins ces maudites pièces, on aurait pu*

» *y parvenir*, et elles ne nous auraient pas fait le mal
» horrible qu'elles nous ont causé.

   » Nous avons cependant fait notre devoir, car sur
» cent et quelques cuirassiers du régiment, reste de 600
» que nous étions à midi, il y en avait le soir plus de la
» moitié de blessés, et dans le nombre, votre serviteur
» hypothéqué comme vous savez, etc. » . . . .

. . . .
                              FEISTHAMEL (1).

Cette lettre si simple, si *vraie* et si claire à la fois,
nous conduit à présenter les deux observations suivantes :

1° Si les cuirassiers n'ont point encloué, à Waterloo,
les canons anglais qu'ils ne pouvaient pas — *lisez qu'ils
ne savaient pas* — atteler ; ce n'est pas faute de temps,
mais seulement faute des moyens nécessaires. Or, il
est incontestable qu'à l'aide du procédé américain, il
faut bien moins de temps pour atteler et enlever une
pièce d'artillerie que pour la mettre hors de service en
l'enclouant.

2° Après les nombreux exemples que l'on pourrait
citer de batteries prises et reprises, on a lieu de
s'étonner qu'on ait pas encore songé à prendre les me-
sures nécessaires pour éviter à la cavalerie l'embarras
où elle s'est trouvée à Waterloo. Pendant la dernière
campagne d'Italie, si les mêmes circonstances s'étaient

---

(1) Maréchal des logis au 3° cuirassiers à Waterloo, M. Feisthamel,
frère du général du même nom, est aujourd'hui sous-inspecteur des
eaux et forêts à Meaux.

présentées, si nos escadrons — chance qui leur a été refusée — s'étaient emparés de batteries autrichiennes et avaient été obligés de les abandonner, nous aurions eu *aussi à gémir, comme nos devanciers, de n'avoir pas les moyens nécessaires pour les mettre hors de service.*

Sans doute, on trouve dans les auteurs militaires plusieurs procédés plus ou moins sûrs pour mettre un canon hors de service. On recommande de forcer une baguette de pistolet et de la casser dans la lumière; d'enlever les esses des roues, etc. Ces prescriptions, bonnes en théorie, ne sont pas toujours exécutables, ni même d'une efficacité bien certaine. Si les artilleurs ont emporté les armements - - ce qu'ils doivent faire — en abandonnant leurs canons; on n'a pas de refouloir pour rabattre l'extrémité de la baguette dans l'âme de la pièce. Quant aux esses enlevées, il faut supposer l'ennemi bien mal pourvu s'il n'a pas les rechanges nécessaires pour les remplacer. Sans doute, on ne doit pas négliger ces moyens faute de mieux; mais ce *mieux* nous semble précisément bien facile à réaliser.

Parmi les 10 000 cavaliers que le maréchal Ney a menés à la charge, il y avait, pour le moins, 150 ou 200 maréchaux-ferrants. Si, dès le début de la campagne, l'artillerie avait eu la précaution de distribuer à chaque régiment de cavalerie un certain nombre de clous à enclouer, il suffisait, au mont Saint-Jean, de faire mettre pied à terre à huit ou dix de ces ouvriers en fer. Munis des outils de leur profession, ils auraient eu bien vite raison et, une fois pour toutes, des soixante canons anglais.

Nous ne saurions trop le répéter : la cavalerie est la seule arme qui puisse enlever des batteries sur le champ de bataille ; de même qu'elle est la moins propre à les conserver et à les défendre contre un retour offensif, lorsqu'elle n'est pas soutenue par de l'infanterie.

Pour remédier à cet inconvénient, pour faire qu'en aucune circonstance l'enlèvement des batteries ennemies par la cavalerie ne restât sans résultat, il suffirait que l'artillerie rédigeât une instruction fort courte et fort simple, qui mettrait à même d'enseigner aux maréchaux-ferrants comment on met une pièce hors de service. L'artillerie devrait, en outre, distribuer à chacun d'eux, dès l'entrée en campagne (et pour être continuellement portés au fond de leurs sacoches) les clous particuliers nécessaires pour enclouer une batterie.

Solferino.

I

A quelque point de vue que l'on se place pour étudier la bataille de Solferino, les faits, suivant la vérité et la logique, se réduisent à ceci :

En choisissant pour champ de bataille un terrain qui lui servait, depuis des années, de camp de manœuvres ; dont toutes les positions, toutes les communications avaient été étudiées à loisir et en détail ; où jusqu'au plus petit accident, au plus petit sentier, tout était connu de longue date ; l'état-major autrichien avait évidemment compté sur un triomphe certain.

Il fallait une confiance illimitée à l'armée autrichienne pour l'aveugler sur le terrible danger d'une bataille livrée avec une rivière à dos, — presque à portée de canon du débouché de ses ponts.

Vaincue, obligée de céder le champ de bataille dans de pareilles conditions, l'armée autrichienne devait expier cruellement sa confiance exagérée; — elle devait subir dans leur plus extrême rigueur, toutes les conséquences de son insuccès; il semble, enfin, que sa défaite devait prendre toutes lés proportions d'un désastre.

Cependant, l'armée autrichienne a pu repasser le Mincio. Elle a échappé, malgré l'effroyable désordre de sa retraite, à une destruction complète. — Elle a sauvé son matériel; elle n'a perdu que les canons, les drapeaux et les prisonniers qui lui avaient été enlevés pendant la lutte. Elle a pu se rallier et se réorganiser, presque immédiatement, sous les murs de Vérone.

II

Si l'armée autrichienne n'a pas été *détruite* à Solferino, il faut l'attribuer, — a-t-on dit, et écrit, — à la part trop indirecte prise à la lutte par une portion du 3° corps d'armée.

Nous savons trop ce que valent les combats livrés après coup, sur le papier, pour prétendre *livrer*, à notre tour, *notre* bataille de Solferino. Nous savons combien il est facile, avec un cadre et des idées arrêtés à l'avance, de critiquer des manœuvres et des dispositions exécutées ou prises au moment de l'action, et sous la pression des circonstances.

Sous ce rapport, Solferino a été une mine, malheureusement trop féconde, pour les tacticiens de cabinet. Toutefois, si nous savons le cas que les gens sérieux doivent faire de ces élucubrations, nous pensons aussi, qu'en se renfermant exclusivement dans le domaine des principes et des faits militaires, chaque officier, *au point de vue de son arme*, peut toujours tirer d'utiles leçons de leur rapprochement.

Ceci posé, il nous semble qu'une simple question suffit, à quiconque a le moindre souci de la vérité historique, pour faire justice de l'étrange explication donnée à la retraite sans encombres de l'armée autrichienne.

Supposons, — car du moment où l'on procède par hypothèses, les suppositions doivent être permises des deux côtés, et leur seule valeur est dans leur vraisemblance ; — supposons, disons-nous, que le 3ᵉ corps, au lieu de se conformer à ses instructions formelles, et de sauvegarder la droite et les derrières de l'armée française contre le mouvement tournant du prince de Lichteinstein, se fût engagé prématurément avec la totalité de ses forces ; — supposons qu'au lieu de coïncider avec les avantages remportés à la gauche par le 1ᵉʳ et le 2ᵉ corps d'armée (avantages qu'il était impossible de connaître à la droite), le mouvement du 3ᵉ corps, tout en découvrant cette droite, se fût rencontré, — ce qui pouvait aussi arriver, — avec un insuccès de la gauche ou avec la rupture de notre centre, si vigoureusement attaqué et pendant si long-temps menacé : — quelle n'eût pas été, dans ce cas, la responsabilité encourue par le 3ᵉ corps! quel blâme assez énergique, quelles récriminations assez amères n'eût-il pas soulevés si le corps de Lichteinstein, débouchant entre la Chiese et Castel Goffreddo, avait fait son apparition sur nos derrières, et menacé les parcs et l'immense convoi qui encombraient Castiglione et ses alentours !

Ceux-là seulement, qui ont pu juger, le lendemain de la bataille, du désordre produit dans ces conditions *par une simple alerte*, peuvent se faire une idée du péril auquel l'armée française aurait été exposée.

III

Il y a des principes tellement consacrés, qu'on peut à peine les rappeler sans tomber dans la phraséologie des Prudhommes militaires : c'est à la cavalerie qu'incombe le devoir de poursuivre un ennemi battu ; c'est à la cavalerie qu'appartient la tâche et l'honneur de compléter les victoires. Si la bataille de Solferino n'a pas eu tous les résultats que l'on était en droit d'attendre de la situation critique où les Autrichiens s'étaient placés, il faut en chercher l'explication dans l'absence de toute poursuite, et non dans le rôle spécial imposé à tel ou tel corps, et qu'il a rempli avec le même dévouement, avec la même abnégation que le reste de l'armée.

L'action complète et simultanée de toutes les forces du 3ᵉ corps, au mépris de ses instructions et de son devoir le plus étroit, pouvait peut-être changer plus tôt *en succès offensif, le succès défensif* de l'aile droite ; mais si cette action déterminait la prise de quelques canons, de quelques drapeaux, de quelques prisonniers de plus, elle ne pouvait avoir pour résultat, comme on l'a prétendu, la DESTRUCTION de l'armée autrichienne. Il dépendait d'autant moins du 3ᵉ corps de modifier les conditions dans lesquelles la retraite de cette armée s'est effectuée que, deux jours avant la bataille, il s'était vu enlever sa division de cavalerie et n'avait pas même un escadron à sa disposition pour ses reconnaissances.

Or, ce n'est pas avec de l'infanterie, surtout avec une infanterie qui marche et se bat depuis douze heures, que l'on peut songer à poursuivre un succès et inquiéter sérieusement une retraite. A l'heure où celle des Autrichiens s'est définitivement prononcée, la cavalerie seule était en état de franchir les trois ou quatre lieues qui séparaient le champ de bataille des ponts du Mincio. C'est donc à cette arme, c'est à la cavalerie combinée avec l'artillerie qu'il appartenait, — comme dans tant d'autres de nos victoires, — de changer la défaite des Autrichiens, nous ne dirons pas seulement en déroute, mais en un irréparable désastre.

IV

La cavalerie n'a pas poursuivi l'ennemi à Solferino. Dans cette bataille, comme pendant toute la campagne, elle n'a joué qu'un rôle tout à fait secondaire.

Vouloir le contester, ainsi qu'on l'a essayé, en s'appuyant sur quelques épisodes glorieux, c'est déplacer la question. On n'a jamais songé à mettre en doute la bravoure et le dévouement de la cavalerie de l'armée d'Italie. Sous ce double rapport elle a été certainement à la hauteur des autres armes; où elle leur a été inférieure, où elle s'est laissée distancer, c'est à son grand regret, dans le contingent malheureusement trop modeste qu'elle a apporté aux succès obtenus.

Il faut savoir accepter la vérité. Se décerner des éloges, ou s'attribuer une importance que l'opinion ne saurait ratifier, ne change rien à l'évidence des faits. Il y a infiniment plus de sagesse à rechercher les causes des fautes que l'on a pu commettre, ou des mauvaises chances que l'on a subies, afin d'en éviter le retour.

On a voulu expliquer le rôle effacé de la cavalerie française à Solferino par deux raisons : on a invoqué la nature du terrain sur lequel elle avait à se mouvoir, et qui se prêtait difficilement à l'action des masses à cheval. D'un autre côté on a blâmé le manque d'une direction unique qui lui permît de déployer librement ses moyens. On a prétendu qu'elle avait été trop fractionnée dans les divisions d'infanterie, et mise, mal à propos, à la disposition d'officiers étrangers à l'arme (1).

____

(1) Sur un terrain aussi couvert que celui de Solferino, la cavalerie, de toute nécessité, devait être fractionnée, et l'on doit plutôt regretter qu'elle ne l'ait pas été assez. Si le 3e corps avait eu à sa disposition un

Ces deux explications, pour peu que l'on y réflé-
chisse, sont contradictoires. La vérité est ailleurs. Sur
un terrain encombré d'obstacles, et où l'on ne pouvait
employer qu'un nombre limité d'escadrons à la fois,
l'organisation divisionnaire de la cavalerie était parfaitement appropriée à la situation. Concentrer toutes
ses divisions dans une seule main, — sur un champ
de bataille qui avait trois ou quatre lieues d'étendue,
— c'était l'immobiliser sur un point et se priver de
son concours sur tous les autres. En admettant d'ailleurs que les explications fournies fussent fondées,
quant aux difficultés qui ont entravé l'action de la
cavalerie *avant* et *pendant* la bataille, elles seraient
toujours sans valeur, quant au rôle que pouvait et
devait jouer cette arme, une fois la bataille gagnée.

V

Réunie, pour la plus grande partie, au centre et à
l'aile droite, la cavalerie française, vers la fin de la
bataille, avait devant elle la plaine de Guidizzolo.
Elle pouvait s'y mouvoir, sinon à l'aise, à cause des
plantations qui couvraient le terrain, du moins en

seul des cinq ou six régiments auxquels l'occasion n'a pas été fournie
de donner un coup de sabre; notre extrême droite aurait pu s'éclairer
à distance convenable, s'assurer de l'excentricité trop grande du
mouvement tournant de Lichteinstein, — excentricité qui en déter-
mina l'abandon, et qui le rendait dans tous les cas d'un danger moins
immédiat. — *Cette certitude, qu'il était impossible d'acquérir sans
cavalerie*, aurait naturellement influé sur la direction et les manœuvres du 3e corps.

toute sécurité dès l'instant où notre supériorité ne faisait plus doute sur aucun point. En se lançant — ne fût-ce qu'au trot — à la poursuite de l'ennemi, *elle ne livrait rien au hasard.* Dirigée sur Volta par où s'écoulait, dans un désordre et une confusion indescriptibles, la majeure partie de l'armée autrichienne, la cavalerie française marchait, si l'on peut s'exprimer ainsi, *du connu au connu.* Sur sa gauche, en effet, aussi bien qu'en avant, n'avait-elle pas les hauteurs occupées, les positions conquises par les deux premiers corps et la garde impériale ?

En supposant qu'elle bornât sa poursuite à balayer la plaine entre Guidizzolo, Cavriana et Volta, elle pouvait ramasser en peu d'instants sur cet espace, limité mais encombré de troupes de toutes armes en pleine déroute, trois fois plus d'artillerie et de prisonniers qu'il ne nous avait été donné d'en conquérir pendant toute la bataille. En outre, elle obligeait l'arrière-garde laissée à Guidizzolo par l'ennemi à se retirer sous peine d'être coupée, et lui enlevait ainsi le seul point d'appui qui couvrît la retraite de l'aile gauche autrichienne sur Pozzolo et Goïto.

Avec un peu d'audace, — et dût-elle rétrograder devant une résistance disproportionnée, — si elle essayait de pousser jusqu'au Mincio, si elle acculait l'ennemi à la rivière, elle avait toutes les chances possibles d'obliger les masses confuses, qui se pressaient aux débouchés des ponts, à mettre bas les armes. Elle changeait en un véritable désastre la défaite trop chèrement achetée de l'armée autrichienne.

VI

Le rôle de la cavalerie française, pendant la dernière période de la bataille de Solferino, semblait tellement indiqué, tellement tracé, qu'on est bien obligé de rechercher les causes de son abstention. Ces causes nous les trouvons dans l'*Historique officiel de la campagne* (1). Plusieurs fois pendant la journée, et particulièrement à l'un des moments les plus critiques, — l'attaque de la Casa-Nova par toute l'aile gauche autrichienne, — la cavalerie française avait été engagée sérieusement et à plusieurs reprises. Malheureusement, pas une seule fois, son action n'avait été précédée des préliminaires indispensables pour en assurer le succès. En d'autres termes, ses charges n'avaient pas été préparées par l'artillerie. De là leur résultat, sinon stérile, au moins incomplet ; de là la part très-secondaire prise par nos escadrons aux événements postérieurs ; de là, enfin, l'hésitation, le manque d'initiative qui permirent aux Autrichiens de se retirer sans être inquiétés.

VII

Ce qui a le plus contribué à amoindrir le rôle de la cavalerie française à Solferino, c'est donc assurément le défaut d'entente et de combinaison de son action avec celle de l'artillerie. Nous l'avons déjà dit, les manœuvres en commun, qui devraient faire naître et

(1) Rédigé au Dépôt de la guerre.

développer cette entente si nécessaire, n'existent pas plus dans la pratique de nos camps, qu'elles ne sont écrites dans les règlements et les théories des deux armes. Il y a là une lacune fort regrettable et sur laquelle on ne saurait assez insister.

Sous le premier Empire, les résultats les plus brillants, les plus décisifs ont été obtenus par l'emploi combiné de l'artillerie et de la cavalerie. Ces résultats ont été dus surtout à l'accord intelligent qui régnait entre les deux armes. A défaut d'exercices en commun et d'instructions préalables, les longues guerres avaient fondé des traditions. Une expérience, chèrement achetée d'abord, puis plus tard, brillamment récompensée dans maintes circonstances, avait enseigné à la cavalerie et à l'artillerie comment elles devaient manœuvrer et combattre ensemble. Chacune savait, en fait d'appui, tout ce qu'elle pouvait attendre, tout ce qu'elle devait donner. Toutes les deux connaissaient exactement la nature, l'importance et les limites de leur concours réciproque. Bref, les deux armes s'appréciaient et avaient entière confiance l'une dans l'autre.

Ces temps sont loin de nous. En ce qui regarde l'emploi de la cavalerie et de l'artillerie sur une grande échelle, la guerre d'Afrique, si féconde d'ailleurs en enseignements, n'était pas faite pour maintenir les vieilles traditions, encore moins pour en fonder de nouvelles applicables aux guerres européennes. De nos jours, la pratique du champ de bataille, bien qu'elle soit toujours la meilleure, ne suffit plus. Les guerres durent trop peu. L'expérience ne viendrait jamais assez tôt. Il faut donc se préparer à l'avance. A ce point de vue, tout ce qui serait de nature à rendre plus fréquent le rapprochement de l'artillerie et de la cavalerie, tout ce qui pourrait contribuer à leur union, à leur connaissance réciproque, aurait une véritable utilité.

Sous ce rapport, la vulgarisation, l'étude en commun dans les deux armes du système d'attelage américain, ne pourraient avoir que de très-heureuses conséquences, alors même qu'il faudrait retrancher quelque peu de tout ce qu'il semble promettre.

VIII

Nous avons vu quel service ce mode d'attelage aurait pu rendre à la cavalerie à Waterloo. Nous pensons qu'à Solferino son emploi eût procuré à notre artillerie des avantages non moins réels.

En possession d'un matériel exceptionnel et d'une portée infiniment supérieure à celle de l'artillerie autrichienne, maîtresse d'agir dans un cercle bien plus large, à des distances bien plus étendues, l'artillerie française — au moins à l'aile droite — n'a eu que fort peu à manœuvrer. A part la concentration de la grande batterie de 42 pièces, elle n'a pas eu besoin d'exécuter de nombreux ni de grands mouvements. Elle a pu combattre et remplir en quelque sorte *sur place*, le rôle splendide qu'elle a joué.

Malheureusement, cette immobilisation, — qui n'avait rien de préjudiciable à son action propre, tout au contraire peut être, — n'a pas été, vers la fin de a bataille, sans influence sur celle de la cavalerie.

A plusieurs reprises, dans le cours de la journée, ainsi que nous l'avons vu, nos escadrons avaient pu expérimenter à quel point le concours de l'artillerie leur était nécessaire. Pour engager toute la cavalerie dans un mouvement général ayant pour objet, soit de déterminer, soit d'inquiéter la retraite de l'ennemi, ce concours devenait plus indispensable que jamais.

Cet appui a-t-il été déclaré difficile ou impossible? — A-t-il été offert ou refusé? — A-t-il été seulement demandé, et les ordres qui devaient le régler ont-ils été donnés ou ont-ils fait défaut?.... Ce sont là autant de questions auxquelles nous ne saurions répondre et qui importent peu aujourd'hui.

Ce qui est incontestable, c'est que la poursuite ne pouvait procéder que du centre et de l'aile droite où la cavalerie se trouvait en forces,..... et que cette poursuite n'a pas eu lieu. Ce qui semble d'un autre côté indiscutable, c'est qu'après l'échec et mat des colonnes autrichiennes dans leur attaque sur la Casa-Nova, — attaque dont l'insuccès avait été principalement déterminé par le feu écrasant de la grande batterie, — un mouvement général et combiné de ces 42 pièces et de la cavalerie avait grande chance d'obtenir les résultats que nous avons énumérés plus haut.

Pour prendre part à ce mouvement, les sept batteries dirigées par le général Soleille avaient, il est vrai, de grandes difficultés à surmonter. En avant d'elles, sur la droite comme sur la gauche, le terrain était fort encombré, à ce point que, dans plusieurs directions, leur feu eût été masqué si les pièces n'avaient tiré par-dessus la tête de nos troupes, circonstance qui empêchait d'ailleurs de tirer à mitraille malgré la proximité de l'ennemi. En outre, les cultures, les fossés, et surtout les mûriers innombrables qui couvraient la plaine, s'ils gênaient l'action de la cavalerie, étaient des obstacles bien plus grands encore pour les attelages et les voitures.

Eh bien, c'est précisément dans ces conditions difficiles, mais qui doivent se présenter souvent à la guerre, que les avantages du système américain sont incontestables :

Attelées par la bouche avec les chevaux de tête, affranchies de l'obligation de remettre et d'ôter les avant-trains à chaque nouvelle mise en batterie, affranchies également de la nécessité d'exécuter ces demi-tours qui demandent une si grande liberté de terrain, pouvant tourner sur place, passer partout où deux chevaux pouvaient se présenter de front, pouvant faire feu en quelque sorte en marchant et étendre ou resserrer leurs intervalles suivant les nécessités du terrain sans gêner le service des pièces, nos batteries auraient pu suivre la cavalerie, se conformer à tous ses mouvements et l'appuyer surtout de leur tir à mitraille, le seul véritablement efficace pour enlever un succès décisif. Car, à la guerre, ce sont les dernières décharges, celles à petite portée, qui sont les meilleures comme effet matériel et moral. Cent coups qui portent valent mieux que mille tirés de loin, et qui portent mal ou pas.

Manœuvrées avec l'attelage américain, nos batteries auraient circulé à travers les arbres et au milieu des troupes qui se trouvaient sur leur passage, sans être arrêtées par aucun obstacle. Elles auraient pu prendre l'offensive avec d'autant plus de rapidité et de hardiesse que, le cas échéant, elles auraient eu la certitude de pouvoir remplacer à tout instant leurs chevaux tués ou blessés par des chevaux empruntés aux escadrons de soutien.

Conclusion.

Suivant l'usage traditionnel dans la cavalerie, pour tout ce qui est nouveau, la proposition d'employer ses chevaux au trait, ne fût-ce que momentanément, ne fût-ce que dans des circonstances tout à fait exceptionnelles, n'en rencontrera pas moins, très-probablement, une vive opposition.

Nous ne pouvons que répéter en terminant, ce que nous nous sommes efforcé de bien établir au début : il ne s'agit nullement d'altérer les conditions d'existence ni le rôle spécial de la cavalerie.

Il s'agit uniquement d'élargir le cercle des services qu'elle peut et qu'elle doit désirer rendre.

Ou nous nous trompons fort, ou la période critique que cette arme semble traverser depuis quelques années rend l'occasion des plus opportunes pour les tentatives de ce genre.

A une époque où le perfectionnement et l'augmentation de portée du fusil et du canon soulèvent de nombreuses controverses, tant en France qu'à l'étranger, sur le rôle futur de la cavalerie; — quand sous l'impression de nos dernières guerres, certains esprits en sont arrivés à douter de son utilité, quelques-uns même à nier sa nécessité comme partie constitutive des armées de l'avenir; — il est bon, il est sage, en regard de l'argent que coûte la cavalerie, de mettre aussi tous les services et surtout les services *nouveaux* qu'elle pourrait rendre.

Dans notre conviction, le général habile et calculateur qui saura envisager, dans ses applications et dans ses conséquences, le système emprunté par la cavalerie anglaise aux Américains; le général, disons-nous, qui saura, sans crainte des oppositions de la routine, l'employer en campagne et sur le champ de bataille, en obtiendra des succès qui défieront toute résistance,.... jusqu'au jour où les autres nations auront eu recours au même moyen.

Les perfectionnements et les découvertes militaires sont en effet des éléments de succès pour l'armée qui les inaugure la première sur le champ de bataille; mais les procédés nouveaux ne garantissent la supériorité que jusqu'à l'heure où leur vulgarisation, chez les autres peuples, vient rétablir l'équilibre.

C'est l'histoire du canon rayé. En 1859, nous étions les premiers et les seuls à le mettre en ligne. Aujourd'hui toutes les armées en sont pourvues.

Il faut chercher autre chose.

Dans ces conditions, la victoire semble assurée à celui qui saura demander à la cavalerie tout ce qu'elle est susceptible de donner. Car, indépendamment des avantages de toute sorte qu'il pourra en tirer, elle lui fournira le moyen de produire sur le champ de bataille une artillerie *à nulle autre égale en mobilité et en célérité;* comme à Solferino, nous en avons amené une à nulle autre égale en justesse et en portée. Ces deux dernières qualités ont contribué pour une grande part à nos succès en Italie, mais elles n'infirment en rien ce que Napoléon a dit à Sainte-Hélène : « *L'artillerie fait aujourd'hui la destinée des nations ; celui qui sait faire arriver subitement et à l'insu de l'ennemi, sur un de ses points, une masse d'artillerie,* EST SÛR DE L'EMPORTER. »

FIN.

Paris. — Imprimerie de E. MARTINET, rue Mignon, 2.

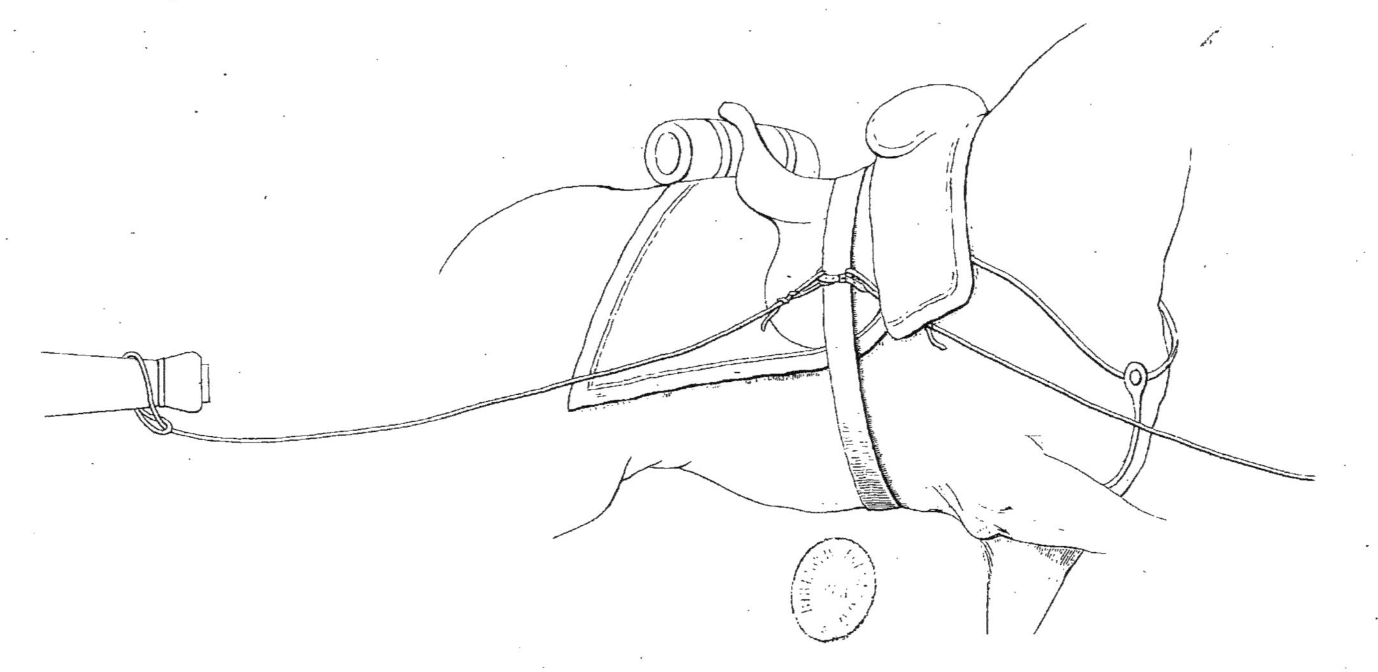

Lt. Colonel Martin Del.
Imp. Jenson, r. Antoine-Dubois 6, Paris
Erhard Sculp.

Pl. II

Fig. 2

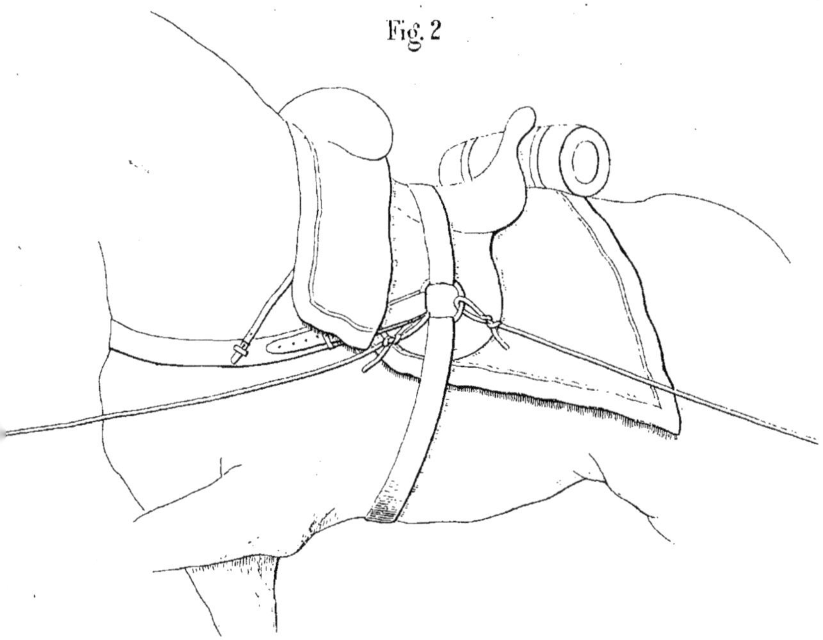

Fig. 3

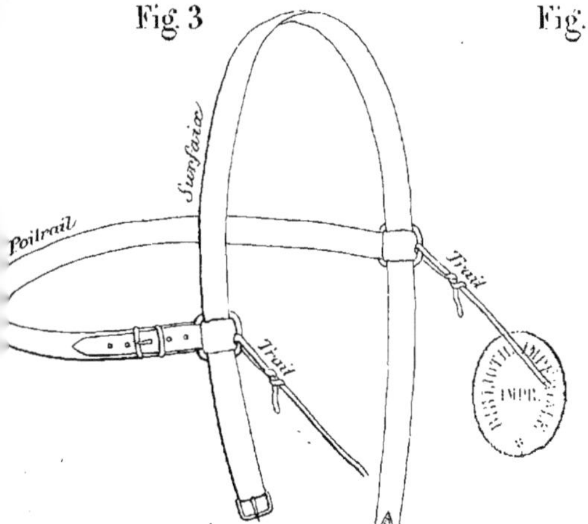

Fig. 4

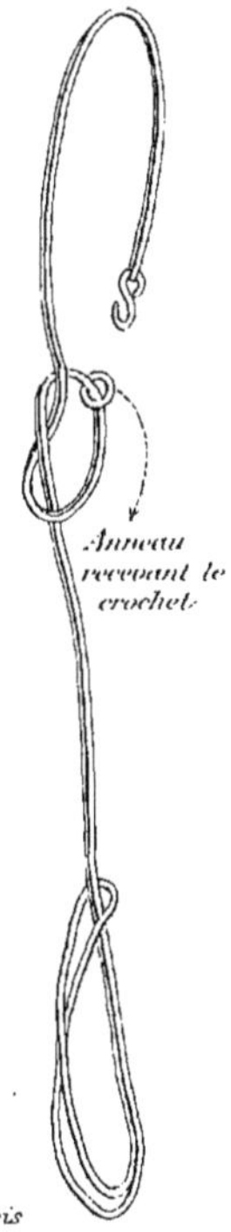

Fig. 1

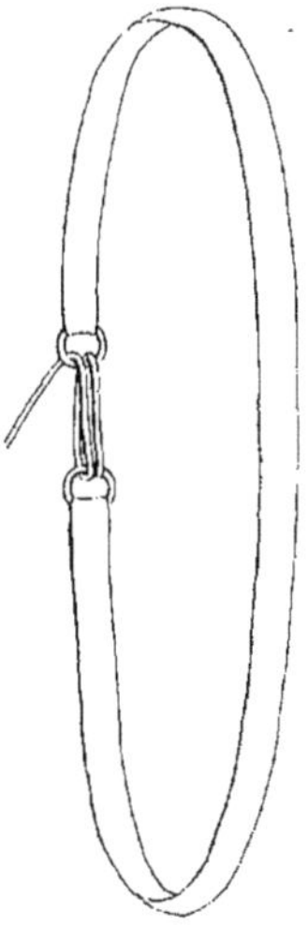

Colonel Martin Del. Imp. Janson, r. Antoine-Dubois, 6. Paris Erhard Sculp.

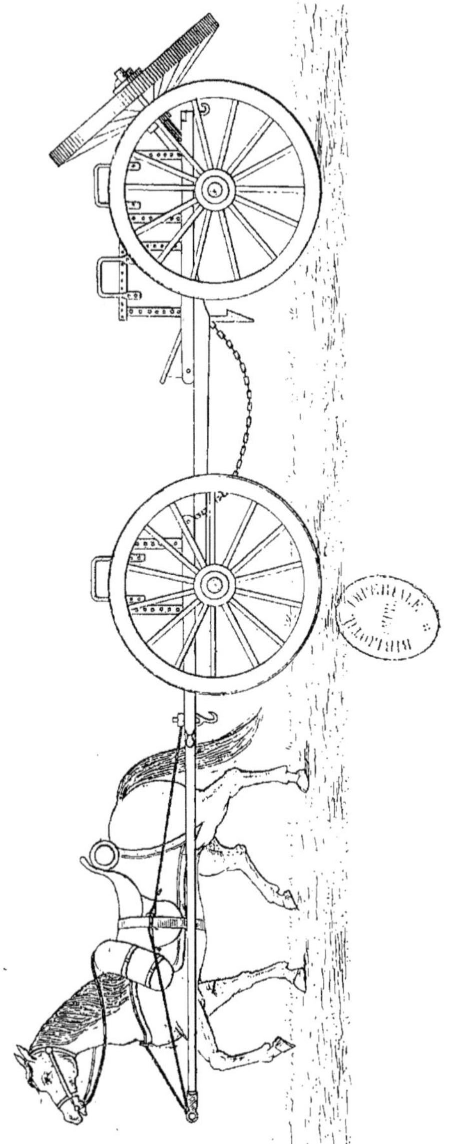
PL. III
Erhart Sculp.
Imp. Janson, r. Antoine-Dubois, 6, Paris.
Lieut. Colonel Martin Del.

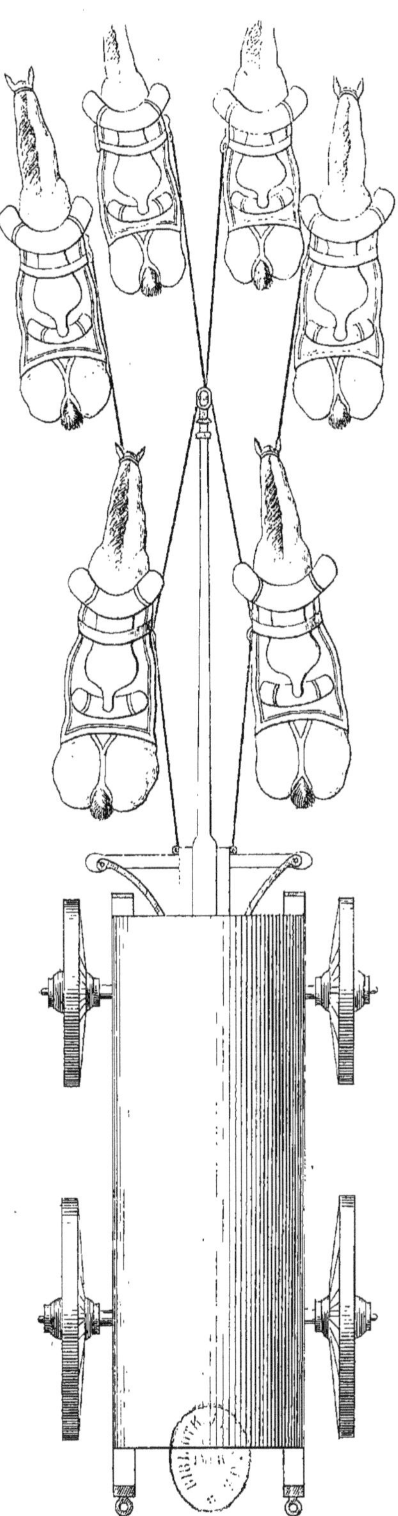

L.nt Colonel Martin Del.

Erhard Sculp.

Imp. Janson, r. Antoine-Dubois, 6, Paris.

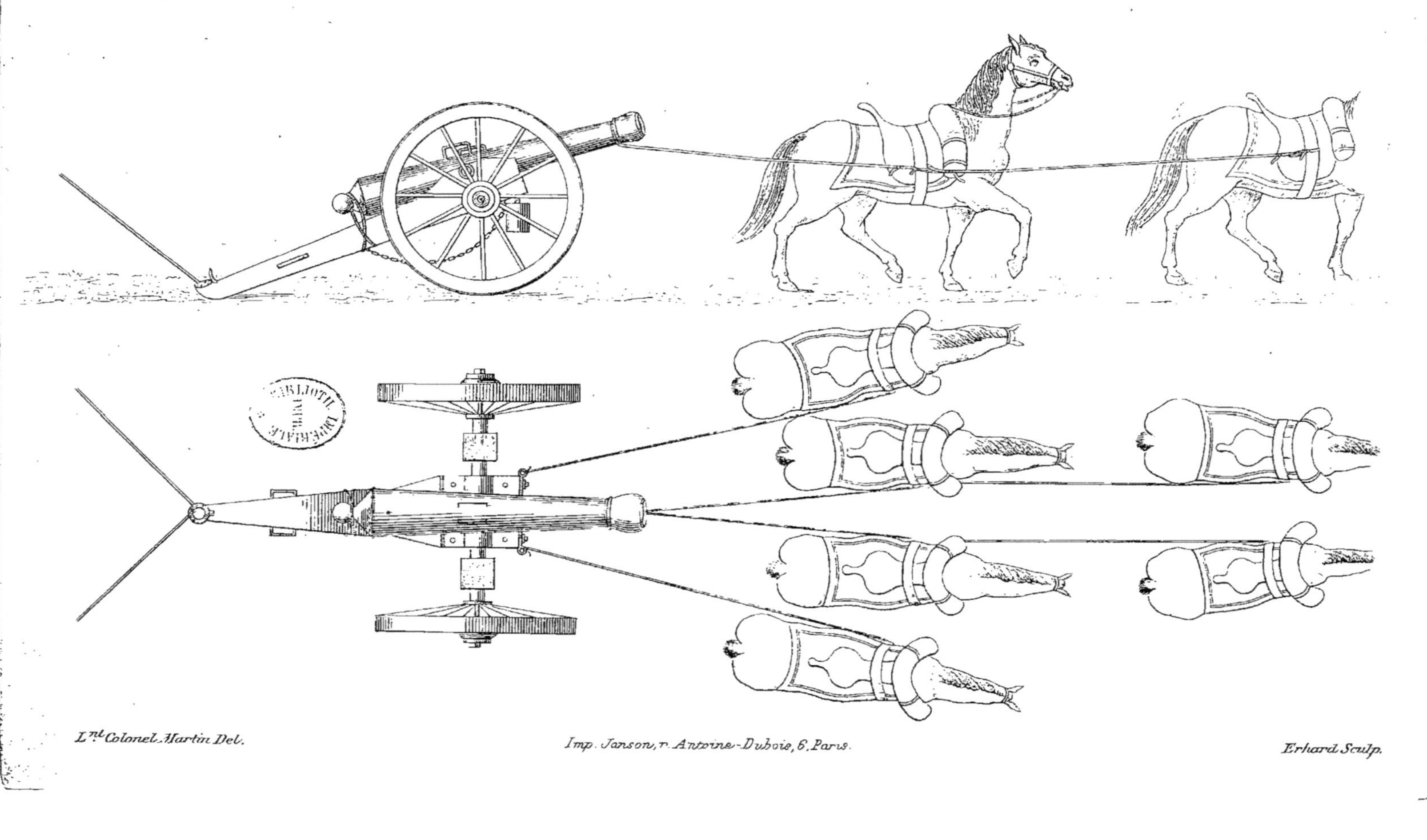

L.nt Colonel. Martin Del.
Imp. Janson, r. Antoine-Dubois, 6, Paris.
Erhard Sculp.

Pl.VI
Fig.1
Fig.2
L.nt Colonel Martin Del.
Imp. Lerson — Antoine Dubois 6. Paris
Erhard Sculp.

Fig.1

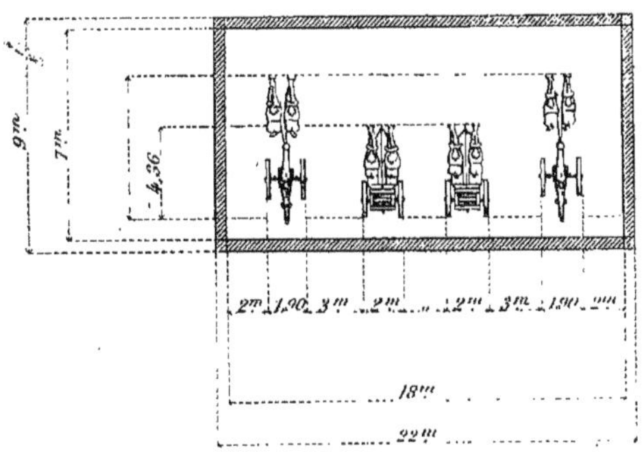

Fig.2

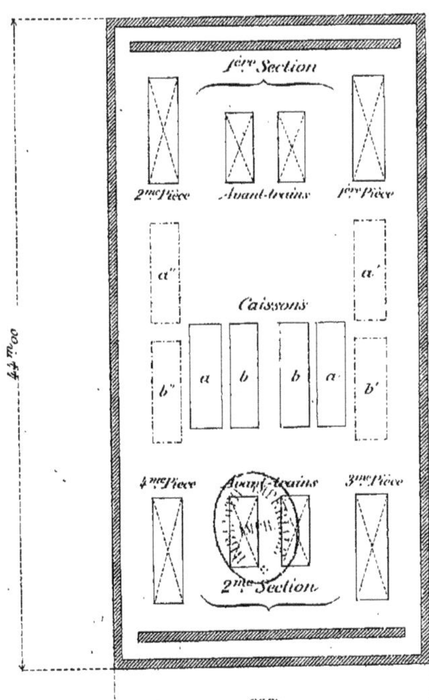

nt Colonel Martin Del.

Erhard Sculp.

Imp. Janson, r. Antoine-Dubois, 6. Paris.

EXTRAIT DU SPECTATEUR MILITAIRE.

Paris. — Imprimerie de E. Martinet, rue Mignon, 2.

www.ingramcontent.com/pod-product-compliance
Ingram Content Group UK Ltd.
Pitfield, Milton Keynes, MK11 3LW, UK
UKHW020021100726
13658UKWH00003B/1023